o capital para educadores
ou
aprender e ensinar com gosto
a teoria científica do valor

Vitor Henrique Paro

o capital para educadores
ou
aprender e ensinar com gosto
a teoria científica do valor

1ª edição
Expressão Popular
São Paulo, 2022

Copyright © 2022 by Editora Expressão Popular
Copyright © 2022 by Vitor Henrique Paro

Produção editorial: *Miguel Yoshida*
Preparação: *Cecília Luedemann*
Revisão: *Lia Urbini*
Projeto gráfico, diagramação e capa: *Mariana Vieira de Andrade*
Impressão e acabamento: *Cromosete*

Dados Internacionais de Catalogação-na-Publicação (CIP)

P257c   Paro, Vitor Henrique
         O capital para educadores ou aprender e ensinar com gosto
         a teoria científica do valor / Vitor Henrique Paro. -- 1. ed.-- São Paulo
         : Expressão Popular, 2022.
         256 p. : il.

         ISBN 978-65-5891-071-8

         1. Educação. 2. Educadores. 3. Capital e educação. 4. Capital
         econômico - Ensino. 5. Valor – Teoria científica. I. Título.

                                                            CDU 37.02:33

Catalogação na Publicação: Eliane M. S. Jovanovich CRB 9/1250

Todos os direitos reservados. Nenhuma parte deste livro pode ser utilizada ou reproduzida sem a autorização da editora.

EDITORA EXPRESSÃO POPULAR

Rua Abolição, 197 – Bela Vista
CEP 01319-010 – São Paulo – SP
Tel.: (11) 3112-0941 / 3105-9500
expressaopopular.com.br
livraria@expressaopopular.com.br
www.facebook.com/ed.expressaopopular

Para Lisete Regina Gomes Arelaro
in memoriam

sumário

manual de instruções   **10**

capítulo 1
"conhecimento econômico é coisa
apenas para especialistas"   **22**

capítulo 2
"o comunismo é contra a propriedade privada"   **30**

capítulo 3
"a exploração do trabalho é
resultado da maldade do capitalista"   **38**

capítulo 4
"no capitalismo, a função do salário
é pagar o trabalho realizado"   **46**

capítulo 5
"o valor de uma mercadoria é tão
somente resultado da concorrência"   **56**

capítulo 6
"trabalho abstrato é mera
especulação marxista"   **64**

capítulo 7
"na teoria do valor-trabalho, é o tempo cronológico
que mede a magnitude do valor"   **72**

capítulo 8
"a divisão social do trabalho é a causadora
da desigualdade no capitalismo"   **80**

capítulo 9
"sob o capitalismo prevalece o trabalho livre"   **88**

capítulo 10
"é a divisão técnica do trabalho que provoca
a alienação do trabalhador" **96**

capítulo 11
mais-valia absoluta, mais-valia relativa
e mais-valia extraordinária **104**

capítulo 12
a forma dinheiro do valor **112**

capítulo 13
impostos, estado mínimo e partilha do butim **128**

capítulo 14
"o liberalismo econômico é a favor
da liberdade humana" **138**

capítulo 15
"o fetichismo da mercadoria é apenas aparência" **146**

capítulo 16
para o capital, o trabalho do professor
da escola pública é improdutivo **156**

capítulo 17
público & privado, ciência & fé **166**

capítulo 18
quebrar a máquina de fazer bolsominions **174**

glossário remissivo **188**

créditos das imagens **250**

sobre o autor **252**

manual de instruções

Este livro não foi escrito apenas para ser lido, mas para ser estudado e permanentemente consultado e manuseado, no processo de leitura e compreensão da teoria científica do valor, cuja obra magna é *O capital*, de Karl Marx.

A quem se destina

Já antecipo que este não é um livro apenas para educadores profissionais, mas para todos aqueles que queiram ter acesso a uma porta que leva ao conhecimento da realidade social de nosso tempo. É verdade que seu título procura destacar educadores, pela importância sem limites do papel destes na formação dos mais jovens, ao propiciar a apropriação de conteúdos científicos e de valores humanitários. Mas o título decorre também do fato de *O capital* ser uma obra autenticamente pedagógica. A educação, objeto da Pedagogia, é a apropriação da cultura, ou seja, de tudo aquilo que é produzido a partir da vontade e ação do homem. Educação é, assim, autêntica atualização histórico-cultural do indivíduo, objetivando sua formação humano-histórica. Por isso, uma obra como *O capital*, que leva a compreender e conscientizar os leitores acerca da realidade econômica, pode e deve ter realçado seu caráter pedagógico. A leitura deste livro é, pois, para todos aqueles que queiram atualizar seu caráter humano-histórico, tornando mais fácil a apropriação de uma das obras mais importantes da humanidade.

Relevância

Após mais de 40 anos promovendo e facilitando a leitura d'*O capital* nos cursos de graduação e pós-graduação da Pontifícia Universidade Católica de São Paulo e da Universidade de São Paulo, confirma-se, para mim, cada vez mais, uma percepção que tive desde as primeiras vezes em que li essa obra: ela é muito mais rica, mais densa e mais profunda do que tudo que usualmente se diz a seu respeito. Isso porque *O capital* não é a obra de um indivíduo, mas o resultado, o ponto culminante, do esforço da humanidade, durante séculos, para compreender as leis que regem a construção da materialidade dos humanos como seres históricos. Mas

manual de instruções

ela só pôde ser produzida num momento histórico em que os seres humanos já tinham experimentado um desenvolvimento, não apenas científico e tecnológico, mas também ético e político, que lhes possibilitou perscrutar o real com as armas da razão e da ciência, mas que, ao mesmo tempo, lhes propiciou condições éticas de comprometer-se com a superação da dominação, a partir de valores humanos universais.

Eis a relevância inquestionável de se ler *O capital*, hoje e enquanto persistir um sistema opressor e injusto de produzir a vida. Por um lado, buscar a compreensão de nossa realidade econômica de modo a prognosticar formas de produzir nossa materialidade com base na relação cada vez mais efetiva, racional e sustentável do homem com a Natureza, fazendo uso

"É certamente o mais temível petardo que jamais se lançou à cabeça dos burgueses (inclusive os proprietários de terras)."

[Carta de K. Marx a Johann Philipp Becker em 17/4/1867]

| 3

adequado do progresso contínuo das forças produtivas. Por outro, predispor-se espiritualmente para que esse conhecimento alimente uma formação intelectual e moral comprometida com a busca de soluções equitativas de esforço e usufruto dessa produção, de modo a superar o atual estado de injustiça social.

Vencer o obscurantismo

Já se passou mais de um século e meio que a humanidade, pela genial mediação de Karl Marx, logrou afastar o desconhecido no campo da Economia Política, pela apreensão e interpretação científica da maneira como a realidade é produzida materialmente na História. A esse respeito, a contribuição de Marx resultou numa autêntica revolução do pensamento da humanidade sobre a origem do valor econômico e suas múltiplas determinações econômicas, políticas e sociais. Com isso, ultrapassou tudo que havia até então sobre o tema, e que hoje continua sendo utilizado mistificadamente pela ideologia liberal com o propósito de oferecer justificativas pseudocientíficas às injustiças cometidas pelo capital.

Agora, passado tanto tempo, não deixa de ser espantoso o fato de uma obra tão grandiosa ainda ser praticamente ignorada pelas grandes massas a que ela originariamente se destinava. Não é a primeira vez que isso acontece, e a História está repleta de casos de descobertas da ciência vítimas de obscurantismos de toda ordem que agiram opressiva e vigorosamente para proteger os poderosos, conseguindo manter tais conteúdos científicos fora do alcance de todos. Mas esse fato se torna tanto mais significativo e relevante quando se trata de uma teoria científica como a que se encerra n'*O capital*, que oferece fundamento a uma transformação social sem precedentes no modo como os homens encaram a produção da vida material bem como na maneira como podem vir a se organizar com base nesse conhecimento.

O mérito de Marx não foi apenas desvendar esse mistério, o que já é de uma grandiosidade sem limites, mas também o de torná-lo acessível a qualquer pessoa que não se recuse a pensar. Entretanto, o capital e seus aliados têm conseguido um enorme êxito em manter a grande maioria da população longe desse conhecimento. Isso, talvez, porque a teoria científica do valor não é algo que se apresenta à consciência ingênua de forma acabada como a revelação de um profeta qualquer. A contribuição de Marx não é obra de um messias a qual se aceita dogmaticamente pela fé e pela autoridade de quem a anuncia, mas uma teoria científica posta ao alcance de todo ser pensante que se disponha a perscrutar a realidade e compreender suas múltiplas determinações. Mas é preciso pensar. Vivemos num mundo que não é mágico, que é real e em que a ignorância a respeito de suas leis sociais só faz contribuir para a miséria e a injustiça reinantes. É preciso ir além, ousar, desafiar os dogmas, não os ter por definitivos. Essa coragem e disposição são os requisitos essenciais para fazer da leitura d'*O capital* algo fascinante e altamente compensador.

Compreender a partir das incompreensões

De acordo com nossa milenar cultura pedagógica, muitas vezes, a melhor forma de mostrar o que uma coisa é consiste em apresentar primeiro o que ela não é, ou seja, aquilo que geralmente está disseminado no senso comum como inquestionável, mas que precisa ser desalojado das consciências das pessoas como requisito inicial para levá-las a compreender o que verdadeiramente é real. Essa regra parece encaixar-se como uma luva quando se trata de divulgar e fazer compreender o conteúdo d'*O capital*, devido à abundância de equívocos desse tipo que povoam o entendimento do senso comum a esse respeito. Mesmo entre aqueles que se dizem marxistas, o que há de ignorância e desinformação sobre a teoria científica do valor é assombroso, havendo desde intelectuais de renome que confundem **valor** com **valor de troca** – indicando não terem lido com atenção sequer as primeiras páginas d'*O capital* – até livros com a pretensão de ensinar *O capital* para crianças, cujo conteúdo faria o pobre Marx revirar-se na tumba, pois não ultrapassam nem mesmo os conhecimentos existentes antes do próprio Adam Smith.

Por isso, em minha prática docente na universidade, nunca me foi difícil coletar uma série de equívocos como pretexto para discutir pontos importantes e mal compreendidos da teoria do valor com meus alunos e alunas. Muitos fatores podem dar origem a esses equívocos: desinformação, anseio por explicações fáceis e definitivas, militância cega envolvida por palavras de ordem sedutoras, leituras incompletas, etc., sem contar a exposição constante – a que nos sujeitamos todos – ao proselitismo dos amigos do capital que laboram, por um lado, em apresentar visões mistificadoras a respeito do mundo econômico, por outro, a demonizar tudo que represente algum risco para a continuidade da ordem exploradora vigente, em especial, a imprescindível contribuição de Marx a esse respeito.

Todavia, não importa quais sejam as causas desses equívocos, o que parece comum a todos e que os sedimenta como pseudoverdades é a falta de critério e rigor na aceitação de visões e teorias sem argumentação consequente e fundamentada. Muitos aceitam porque "todo mundo aceita" ou porque seu grupo de relações aceita, outros porque foi dito por uma autoridade no assunto, outros ainda porque é simplesmente mais cômodo e menos trabalhoso aceitar do que refletir acuradamente sobre a matéria.

Nem é preciso afirmar que esses tipos de comportamento não combinam em absoluto com a contribuição científica de Marx. Por isso, convido o leitor e a leitora a estarem bem atentos para a importância de assumir uma atitude bastante crítica e inquisitiva ao tomar contato com o conteúdo deste livro. Quando parto das incompreensões é para procurar saná-las e oferecer ao interlocutor a oportunidade de compreensão consequente da teoria do valor. Estou seguro de que o grande antídoto contra a demonização de Karl Marx é a compreensão de sua obra. Mas não é possível compreendê-la como se fosse um dogma. Na verdade, não devemos aceitar nada pela autoridade de quem disse, mesmo que tenha sido uma pessoa extraordinária como Karl Marx.

Com relação a *O capital*, se quero evitar os mal-entendidos e ser coerente com o sentido revolucionário da obra, não me basta simplesmente saber o que Marx disse ou quis dizer; é preciso buscar naquilo que ele disse o que considero que corresponde de tal forma à realidade que posso ter esse conteúdo como meu conhecimento próprio, tendo condições e legitimidade de propalá-lo e defendê-lo com base na razão e na realidade, não na autoridade de quem disse. Cumpre acrescentar que esta é também a maneira mais fácil e compensadora de ler *O capital*. Recomendo, pois, aos leitores e leitoras que não aceitem nada doutrinariamente: procurem aprender e fazer seus os conhecimentos, ultrapassando, assim, o estágio mágico do obscurantismo religioso que eventualmente tivemos de aceitar, porque alguém nos impingiu quando crianças e que os poderosos insistem em reforçar porque lhes é favorável.

Neba

Deve chamar a atenção, à primeira vista, o fato de a maioria dos capítulos estar com seus títulos grafados entre aspas. Acontece que eles foram escritos, inicialmente, para serem publicados em meu *site* na Internet (vitorparo.com.br), numa sessão denominada Neba, termo formado pelas iniciais da expressão "não é bem assim", utilizada com meus orientandos e alunos na universidade para indicar proposições falsas com aparência de verdade, fundadas no senso comum ou numa compreensão equivocada da realidade, e que, por isso, precisam ser refutadas, estabelecendo-se, de forma científica, a real dimensão dos temas envolvidos. Parece-me que pouca coisa se encaixa mais perfeitamente nessa "categoria" do que as falácias e mal-entendidos sobre a teoria científica do valor prevalecentes nos discursos tanto de ignorantes de direita quanto de mal-informados de esquerda, ambos os casos indicando total ausência de leitura atenta d'*O capital*. Assim, alerto que os títulos de capítulos que constam entre aspas expressam proposições falsas a serem questionadas no corpo do texto.

Glossário

A leitura de cada capítulo será bastante facilitada se o leitor fizer uso do Glossário Remissivo, que foi elaborado precisamente com esse propósito. Para orientar sua consulta, os títulos dos verbetes aparecem realçados no corpo do livro. Por razões estéticas, só há realce em uma das vezes que o título do verbete aparece em cada página, exceto no próprio Glossário, em que ele aparece em uma das vezes em que é mencionado no corpo de cada verbete.

O Glossário explicita termos e expressões da forma como são empregados no livro, abstraindo outros significados também legítimos que eles possam admitir. O objetivo do Glossário não é esgotar o tema do verbete, mas oferecer, de modo sucinto, um instrumental teórico para o leitor aproveitar melhor o texto do livro. Isso não impede que o leitor, desejando, venha a aprofundar melhor a compreensão de determinado tema ou conceito, guiando-se pelas palavras grifadas aí contidas e pelas remissões ao final do verbete.

Vídeos

O código QR (*QR code*) ao final de cada capítulo dá acesso a um pequeno vídeo, na Internet, em que faço algumas observações relacionadas ao texto. O vídeo não substitui de modo nenhum a leitura do capítulo, nem pretende ser um resumo de seu conteúdo. A intenção é estabelecer um diálogo com o leitor, fazendo comentários e chamando a atenção para pontos relevantes do capítulo, de modo a fomentar o interesse pela leitura e tornar mais cativante a reflexão.

Bom estudo.

Vitor Henrique Paro
São Paulo, 20 de julho de 2022.

capítulo 1

"conhecimento econômico é coisa apenas para especialistas"

1 "conhecimento econômico é coisa apenas para especialistas"

Esta afirmação assume que a formação intelectual do cidadão prescinde de conteúdos econômicos, razão pela qual nossos mestres da escola básica, em especial do ensino fundamental, se sentem inteiramente despreparados (e impotentes) quando se trata de prover seus estudantes de um mínimo de conhecimentos sobre sua inserção na sociedade em que vivem. Acredita-se frequentemente que Economia é coisa especializada, para ser tratada no ensino superior e não precisa fazer parte da formação básica do indivíduo. Penso que não é bem assim [Neba]. Até porque os "especialistas" em Economia estão, em sua quase totalidade, articulados com os donos do poder econômico, e desenvolvem a "teoria" que somente a estes interessa.

Comecemos pelo medo que as pessoas têm de Economia ou, mais propriamente, Economia Política. Muita

o capital para educadores

gente acha que Economia é uma matéria difícil, e resiste a aprender qualquer conteúdo a respeito, considerando-se incapaz de compreendê-la. Se você é uma dessas pessoas, não se preocupe. Primeiro, porque você não está só: existem multidões na mesma situação, e muitos não têm a coragem de reconhecer isso, fingindo uma compreensão que não têm, apenas para ocultar seu terror aos conhecimentos econômicos. Em segundo lugar, porque esse medo tem cura: ele pode ser eliminado da mesma forma que foi adquirido, já que não é uma coisa natural, ou seja, a gente não nasce com essa repugnância pelos assuntos econômicos, ela é produzida socialmente por indivíduos, grupos e instituições cujos interesses são contrários à apreensão da verdade por parte das grandes massas.

Os poderosos (aqueles que nos dominam e nos fazem agir de acordo com sua vontade) têm verdadeiro pavor da verdade, ou seja, sentem medo de que os oprimidos tenham acesso ao conhecimento do mundo, especialmente do mundo social, ou seja, de tudo que diz respeito às relações entre as pessoas e de como essas relações estão dispostas e organizadas.

Apenas para ilustrar, observe como alguns poderosos agem para evitar que cheguemos à verdade sobre o mundo social. Na esfera mais propriamente econômica, por

1 "conhecimento econômico é coisa apenas para especialistas"

exemplo, temos aqueles que vulgarmente chamamos de ricos ou muito ricos. Estes, em nossa sociedade, são os proprietários do capital. Em outra ocasião (capítulo 4), teremos oportunidade de apresentar um conceito mais rigoroso dessa palavra. Por ora, basta que a tomemos no sentido comum de uma quantidade de dinheiro que é aplicada no mercado com a finalidade de aumentar o seu volume. O dinheiro se transforma, pois, em capital quando seu proprietário, o capitalista, o aplica na compra de matérias-primas, máquinas, e ferramentas, e emprega trabalhadores para produzirem as mercadorias que serão vendidas e que reverterão em lucros para eles, os proprietários do capital. Em vista disso, o capitalista típico desenvolve toda uma teoria falsa da realidade, comumente chamada de liberalismo econômico ou neoliberalismo, para ocultar o fato, que demonstraremos em outro momento (capítulo 5), de que *todo valor produzido na sociedade advém do esforço e do suor do trabalhador*, não de uma qualidade mágica que seu dinheiro teria de reproduzir-se espontaneamente apenas por conta de seu empenho nos negócios.

Na esfera cultural, observe como as igrejas de modo geral têm verdadeira ojeriza à apropriação de conhecimentos científicos. Durante muitos séculos, a Igreja Católica e as demais seitas cristãs têm envidado todos os esforços possíveis para impugnar as descobertas e avanços no campo da ciência, com receio de verem contestadas suas crenças e sua visão do universo, herdadas de civilizações com reduzidíssimo conhecimento científico. O mesmo se dá com relação aos avanços **éticos** e culturais que contradizem seus preconceitos e superstições. Na verdade, para proteger seu direito de crença, não haveria necessidade disso, pois fé religiosa nenhuma precisa ser provada ou mostrar-se coerente com a realidade para que o crente tenha, em sua vida **privada**, o direito, reconhecido universalmente, de exercer sua crença (capítulo 17). Acontece que as igrejas em geral, embora utilizem a fé religiosa como escudo, têm interesses que extrapolam completamente o âmbito sobrenatural, e se associam constantemente ao **poder político** vigente, que tem como sustentáculo o poder econômico. Não lhes interessa, por isso, a proliferação do conhecimento econômico, pois é precisamente a economia a base de seu poder. O obscurantismo é professado e praticado especialmente pelas igrejas de vertente monoteísta que criaram um deus imaginário para ameaçar com o terror ou o inferno aqueles que não aceitam o poder político-econômico ao qual normalmente servem de sustentáculo.

Uma forma privilegiada de negar esse obscurantismo e lutar contra a situação de injustiça social em

1 "conhecimento econômico é coisa apenas para especialistas"

que vivemos é compreender com clareza os interesses econômicos que determinam essa situação. A disciplina que cuida disso teoricamente é a Economia. Mas é preciso, preliminarmente, ultrapassar o entendimento que o senso comum tem desse conceito, que o relaciona apenas ao que diz respeito a dinheiro, transações comerciais, lucro, crescimento do Produto Interno Bruto (PIB), inflação, etc. Economia, em seu sentido mais amplo e rigoroso, engloba tudo aquilo que diz respeito à *produção material da existência humana*. Desde as sociedades mais primitivas – na verdade desde que se faz humano-histórico – o homem se põe diante do problema econômico ao ter de aplicar suas energias vitais no emprego de objetos e instrumentos (no início extremamente rudimentares) para produzir sua própria vida por meio do trabalho. O trabalho é, portanto, categoria central das questões econômicas. Mas o trabalho, para se fazer, necessita objetos de trabalho e instrumentos de trabalho, ou seja, *meios de produção*, que são as condições objetivas de trabalho, sem as quais não há trabalho, portanto não há vida. Quem detém os meios de produção dispõe, na verdade, das condições objetivas de vida do restante da população. E desde que, historicamente, grupos mais fortes têm se apropriado *privadamente* desses meios, esses grupos passam a dominar a sociedade. Nisso se resume o drama da sociedade capitalista em que vivemos.

Desde as sociedades mais primitivas o homem se põe diante do problema econômico.

Daí a importância do estudo de Economia: ele fornece os meios para compreender esse sistema e lutar para superá-lo. Simples assim. Por que uns (ínfima minoria) são ricos e outros, pobres? Por que tanta miséria em meio à comprovada abundância e desperdício? Por que a **exploração** do **trabalho** como regra organizadora da sociedade? Como se dá especificamente esse processo? Por que *precisa* haver pobres para o capitalismo funcionar? Essas questões só podem ser respondidas, de modo pleno, apelando-se para os conhecimentos econômicos. Elas serão abordadas nos próximos capítulos.

Verbetes do glossário citados no capítulo 1:

Capital, Dinheiro, Economia Política, Exploração, Homem, Humano-histórico, Instrumentos de trabalho, Lucro, Meios de produção, Mercadoria, Objeto, Objeto de trabalho, Poder, Privado, Trabalho, Valor.

capítulo 2

"o comunismo é contra a propriedade privada"

2 "o comunismo é contra a propriedade privada"

Calma lá! A direita raivosa e os adeptos do capitalismo em geral não se cansam de disseminar ideias falsas a respeito dos programas da esquerda, como se a intenção desta fosse subtrair das pessoas seus bens móveis e imóveis. Quantas vezes não ouvimos dizer, especialmente em vésperas de eleições, que os candidatos ou partidos de vertente socialista pretendem desapropriar sua casa, tirar seu carro, sequestrar sua poupança, ou estatizar seu pequeno negócio? Certamente muita gente não acredita nesse absurdo; mas, de tanto insistirem numa afirmação falsa, acaba por se formar o consenso de que a solução proposta para a superação do capitalismo seja a eliminação de todo tipo de propriedade privada. Mas vamos com calma. A coisa não é bem assim [Neba]. O comunismo não é contra *qualquer* tipo de propriedade privada, mas *apenas contra aquela que é utilizada para oprimir e explorar os que não possuem propriedade.*

Vinte anos antes da publicação da primeira edição d'*O capital*, Marx e Engels já procuravam deixar isso bem claro, nas linhas de *O manifesto comunista*: "Censuram-nos, a nós comunistas, o querer abolir a propriedade pessoalmente adquirida, fruto do trabalho do indivíduo, propriedade que se declara ser a base de toda liberdade, de toda atividade, de toda independência individual." Todavia, "o que caracteriza o comunismo *não é a abolição da propriedade geral*, mas a abolição da propriedade burguesa" (grifo meu). O que isso significa? Significa que a restrição à propriedade diz respeito especificamente àquela propriedade que, de certa forma, *caracteriza* o burguês, ou seja, a propriedade dos *meios de produção*.

Mas o que são "meios de produção"? É preciso ter uma visão bem clara e rigorosa desse conceito, para não se deixar levar pelo engodo dos exploradores, nem pela superficialidade ou ignorância do chamado marxismo vulgar. Por outro lado, a compreensão desse conceito é de extrema relevância, porque ele está relacionado à própria produção de nossa vida material. Vamos então a esse tema.

O trabalho, como uma "atividade adequada a um fim", envolve três elementos, sem os quais não pode

2 "o comunismo é contra a propriedade privada"

Sob o capitalismo, a propriedade *dos meios de produção* é restrita a uma classe, que utiliza essa propriedade para dominar e explorar a imensa massa de trabalhadores dos demais grupos sociais.

realizar-se. São eles: **força de trabalho**, **instrumentos de trabalho** e **objeto de trabalho**. A *força de trabalho* é toda energia humana (física e mental) despendida pelo **homem** no processo de **trabalho**. Como está contida no próprio indivíduo que trabalha, chamamos esse elemento de condição subjetiva (de **sujeito**) de trabalho. Os *instrumentos de trabalho* (ou *instrumentos de produção*) são os meios que o trabalhador utiliza para transformar o objeto de trabalho em produto. O *objeto de trabalho*, como o nome indica, é precisamente o **objeto** da atividade do sujeito, ou seja, aquilo que se transforma, pela ação do trabalhador, num produto final que os seres humanos consomem para produzir a própria vida. Um exemplo banal, tirado da produção artesanal, para facilitar a compreensão: o marceneiro (trabalhador) emprega sua força física, seus conhecimentos e habilidades (força de trabalho), utiliza martelo, serra, lixa e outras ferramentas (instrumentos de trabalho), e transforma a madeira (objeto de trabalho) numa nova mesa (produto) que será utilizada por ele ou por quem ele der acesso como bem de consumo.

Em resumo: o ser humano (*trabalhador*) desenvolve uma atividade (*trabalho*), aplicando sua energia vital (força de trabalho), utilizando meios (*instrumentos de trabalho*) para transformar algo (*objeto de trabalho*) naquilo que ele tinha como fim, que se constitui no *produto* do trabalho. Pois bem, o instrumento de trabalho mais o objeto de trabalho, em contraposição à condição subjetiva de trabalho, são considerados as condições objetivas de trabalho.

Note que, para viver, ou melhor, para produzir sua existência, não basta dispor apenas da força de trabalho. Esta, praticamente todo mundo tem, em alguma medida, pois é inerente a sua própria corporalidade. Todavia, como acabamos de ver, é preciso também ter acesso aos dois outros elementos necessários ao processo de trabalho, ou seja, os instrumentos de produção e o objeto de trabalho. Por constituírem as condições objetivas de trabalho, esses dois elementos são agrupados sob a denominação comum de *meios de produção*. Eis pois o que significa "meios de produção": o conjunto formado pelos instrumentos de produção e pelo objeto de trabalho. Voltemos, então, a nossa reflexão sobre a importância da propriedade dos meios de produção. Do que vimos até aqui, dá para se deduzir que a vida humana (que precisa ser produzida permanentemente) não é possível sem o acesso aos meios de produção. Estes são, acima de tudo, condições objetivas *de vida*, quer dizer, só é possível produzir a vida tendo acesso aos meios de produção. Daí a importância de sua propriedade. Numa sociedade justa, na qual todos tivessem direitos iguais, todos teriam igualmente acesso às condições objetivas de vida: todos teriam acesso aos *meios de produção*. É isso que propõe o *comuni*smo (por isso tem esse nome): tornar *comum* (de todos, não de alguns privilegiados apenas) a propriedade de suas próprias vidas, tendo acesso aos meios de produzi-las. Não teria sentido que a propriedade dos *meios de produção* fosse restrita a uma classe, que utiliza essa propriedade para dominar e explorar a imensa massa de trabalhadores dos demais grupos sociais.

o capital para educadores

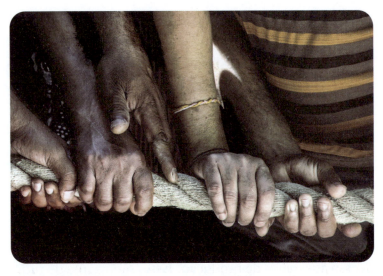

Numa sociedade justa, na qual todos tivessem direitos iguais, todos teriam igualmente acesso às condições objetivas de vida: todos teriam acesso aos *meios de produção*.

Mas é precisamente isso que tem acontecido historicamente. A classe dominante é dominante porque possui os **meios de produção**, ou seja, porque detém a *propriedade privada* das condições objetivas de vida, impondo sua vontade aos despossuídos, que precisam ter acesso a essas condições para sobreviverem. No **modo de produção** capitalista, sob o qual vivemos, os meios de produção se consubstanciam no *capital*, ou seja, o **dinheiro** que o capitalista (ou burguês, se você preferir) utiliza para comprar os meios de produção, empregando

2 "o comunismo é contra a propriedade privada"

o trabalhador, que não tem outra maneira de produzir sua vida a não ser submetendo-se à vontade e às regras do capitalista. Essas regras estabelecem que, do valor produzido por seu trabalho diário, apenas uma pequeníssima parcela cabe a ele, que continua dependendo do proprietário *privado* dos meios de produção. A grande massa de valor que só ele produz é apropriada pelo capitalista, que fica cada vez mais rico, mais poderoso e mais opressor.

Como isso se dá? Bem, esse é um assunto um pouco mais complexo, que veremos em outros capítulos.

Verbetes do glossário citados no capítulo 2:

Capital, Dinheiro, Força de trabalho, Homem, Instrumentos de produção, Instrumentos de trabalho, Liberdade, Meios de produção, Modo de produção, Objeto, Objeto de trabalho, Privado, Sujeito, Trabalho, Valor.

37

capítulo 3

"a exploração do trabalho é resultado da maldade do capitalista"

3 "a exploração do trabalho é resultado da maldade do capitalista"

Será que é isso mesmo? Infelizmente, é muito recorrente no senso comum (para não dizer em alguns círculos letrados também) a crença de que a exploração do trabalho só se dá como resultado de uma perversidade de quem explora. Para os economistas liberais, que não veem o capitalismo como um sistema intrinsecamente explorador, quem explora o trabalho nesse sistema explora por maldade, porque quer explorar, não por uma necessidade do capitalismo. A exploração é tomada como algo moral, como um valor negativo que já foi (ou está sendo) superado historicamente. Exploração seria coisa do passado, existia generalizadamente na época da escravidão, por exemplo, mas hoje não teria mais cabimento.

Quer dizer, então, que se o capitalista for bonzinho não haverá exploração do trabalhador? Isso é o que a ideologia liberal pretende passar, mas não é bem assim [Neba]. Esse tipo de confusão se dá, em geral, por um entendimento impreciso do sentido econômico de exploração e pela omissão de algumas características importantes do capitalismo. Vamos, então, a esses temas.

Em termos científicos, quando se fala em exploração capitalista, não se pode restringir o termo a seu sentido ético, mas sim contemplar com rigor seu significado econômico. Em termos estritamente econômicos, a exploração se dá quando, no processo de produção, há a apropriação, pelo proprietário dos meios de produção, de algo que é produzido pelo trabalhador. Na produção escravista, por exemplo, a exploração se dava, economicamente, não porque o escravo era preso, açoitado e humilhado. Em termos morais, isso certamente deve ser levado em consideração, mas não diz nada do fato de haver ou não uma exploração em termos econômicos. A exploração se dava, aí, porque o escravo — que não tinha o direito, sequer hipotético, de ser proprietário dos meios de produção — produzia bens e serviços que eram apropriados por seu senhor. Ele tinha de produzir, portanto, não apenas sua vida (de penúria) mas a vida (farta) de quem o explorava. O mesmo se dava sob o feudalismo: os servos, que não possuíam nem a terra nem os demais meios de produção para produzirem sua vida material, tinham de se submeter às imposições dos

3 "a exploração do trabalho é resultado da maldade do capitalista"

proprietários, que lhes permitiam produzir seus meios de subsistência, desde que empregassem a maior parte do tempo trabalhando para produzir os bens e serviços para a reprodução também e principalmente da (boa) vida deles, proprietários dos feudos.

Acontece que, nesses modos de produção, o objetivo era produzir bens e serviços para consumo direto e imediato dos próprios proprietários dos meios de produção. Dessa forma, a exploração ficava mais explícita, porque os elementos produzidos eram apropriados e consumidos em sua forma concreta, como utilidades, para satisfazer as necessidades imediatas do explorador. Por exemplo: do trigo que o servo produzia, uma pequena parte ficava para seu consumo, e a parte maior, na forma concreta de trigo, era apropriada pelo senhor feudal. Dava para se verificar, de forma imediata e palpável, as dimensões do objeto expropriado. O trigo apropriado consubstanciava o trabalho do servo. Concluía-se o processo e patenteava-se o tamanho da expropriação.

No sistema capitalista, entretanto, o processo não termina aí. A produção (concreta) de valores de uso (objetos que atendem necessidades humanas) é apenas um meio para a produção de valores de troca (mercadorias, objetos passíveis de troca) que têm valor incorporado. O dono da fábrica de geladeiras, por exemplo, não se apropria

41

das geladeiras produzidas para seu consumo próprio. Ele precisa vendê-las para ter acesso ao valor nela contido. O objetivo último do capitalismo é a produção de valores, e numa quantidade maior do que o valor despendido na compra dos elementos necessários à produção. Como só o trabalho produz valor, a exploração se dá pela apropriação do valor produzido pelo trabalhador. É o caráter abstrato desse objeto expropriado na exploração capitalista que a torna muito mais difícil de ser percebida do que quando era o próprio valor de uso, em toda sua concretude, o objeto da apropriação.

Perceba que não precisa haver maldade do capitalista para que a exploração se dê. Ela faz parte do próprio *funcionamento* do capitalismo. Não vale, portanto, a alegação de que a exploração é resultado da má intenção ou da crueldade do patrão. Ela é intrínseca ao capitalismo. Sem ela, não há reprodução ampliada do capital. O dinheiro oferecido na forma de salário, que se diz que paga o trabalho, remunera apenas a força de trabalho: aquele valor necessário para repor a energia despendida pelo trabalhador, ou seja, para reproduzir sua vida *de trabalhador*. Porém, durante sua jornada de trabalho, ele produz um valor incomparavelmente maior. O valor excedente é apropriado pelo capitalista. Essa é a razão de ser de todo o processo. O capital não oferece nada ao

3 "a exploração do trabalho é resultado da maldade do capitalista"

trabalhador que não lhe seja retribuído em escala enormemente ampliada. E assim tem de ser. Se o capitalista não explorasse, passando ao trabalhador, em vez disso, todo o valor que este produz, e que lhe seria de direito, não haveria capitalismo, porque o dinheiro aplicado não "renderia" absolutamente nada.

Não precisa haver maldade do capitalista para que a exploração se dê. Ela faz parte do próprio *funcionamento* do capitalismo.

Perde totalmente o sentido, portanto, falar em capitalismo selvagem, como fazem seus aduladores, para diferenciar as sociedades em que há uma penúria mais insuportável dos trabalhadores e das classes despossuídas, querendo significar que a coisa é assim porque não se segue à risca o figurino liberal. Na verdade, porém,

43

todo capitalismo é, em certo sentido, intrinsecamente selvagem. Ele o é no exato sentido de que, em vez de pautar-se por leis e valores éticos de justiça e solidariedade, criados historicamente pelos homens, o que ele segue é a lei da necessidade natural, a lei da selva, ou seja, a lei do domínio do mais forte (o capitalista, que detém as condições objetivas de vida) sobre o mais fraco (o trabalhador, que não tem alternativa senão submeter-se à exploração do capitalista).

Na verdade, todo capitalismo é, em certo sentido, intrinsecamente selvagem.

3 "a exploração do trabalho é resultado da maldade do capitalista"

Certamente há países em que os trabalhadores têm condições de menor exploração, por conta de leis e instituições (resultantes de lutas históricas contra a opressão) que coíbem, até certo ponto, a ação predatória do capital. Temos então um capitalismo com a característica selvagem mitigada. Mas ele continua sendo selvagem, pois se pauta em leis naturais (de necessidade, não de liberdade). Não é do interesse comum – ou seja, de todos, como advoga uma concepção socialista de sociedade –, mas apenas de alguns que, pela força, pela violência, pela esperteza, pela grilagem de terras, pela pirataria (ou pela herança, que é tributária de tudo isso), no decorrer da História, tiveram acesso *privado* aos meios de produção, que lhes dão o poder de impor sua vontade aos demais.

Verbetes do glossário citados no capítulo 3:

Capital, Dinheiro, Ética, Exploração, Força de trabalho, História, Ideologia, Liberdade, Meios de produção, Mercadoria, Modo de produção, Necessidade, Objeto, Poder, Privado, Trabalho, Valor, Valor de troca, Valor de uso, Valores excedente.

capítulo 4

"no capitalismo, a função do salário é pagar o trabalho realizado"

4 "no capitalismo, a função do salário é pagar o trabalho realizado"

Por trás desta afirmativa está a suposição de que a relação entre capital e trabalho é uma transação justa de compra e venda de mercadorias, em que o trabalhador entra com a mercadoria trabalho e o capitalista com o dinheiro que paga esse serviço, pelo valor acertado entre ambos. Mas não é bem assim [Neba]. Esta é uma das maiores falácias da ideologia liberal com relação ao que realmente acontece na produção de valor sob o capitalismo.

Para desmontar essa falácia, precisamos começar por definir de forma rigorosa alguns conceitos envolvidos.

Nesse esforço, é preciso tomar cuidado, porque alguns termos têm mais de um significado na linguagem corrente, além de serem muito frequentemente utilizados de forma metafórica. Quando se fala, por exemplo, na relação entre capital e trabalho, como fiz agora há pouco, "capital" se reporta não ao capital propriamente dito, mas ao dono do capital, o mesmo acontecendo com **trabalho**, que quer referir-se ao trabalhador.

Comecemos, então, por esses dois conceitos. Capital é **dinheiro**, mas não qualquer dinheiro. O dinheiro só é **capital** quando assume uma *forma social* determinada. O dinheiro que uso para comprar alimento para meu consumo, por exemplo, não é capital. O dinheiro só se transforma em capital quando é aplicado para ampliar seu próprio **valor**. Assim, o dinheiro aplicado no mercado financeiro para render juros é considerado capital, porque exerce essa *função social* de capital. O dinheiro que compra **meios de produção** e **força de trabalho** para produzir valor é capital: aliás, essa é a forma por excelência da expansão do capital, pois só no processo de trabalho se produz valor novo, e só a partir dele o capital pode verdadeiramente se expandir.

Já o trabalho precisa ser visto, primariamente, em seu sentido mais geral e abstrato, como atividade humana, ou melhor, como atividade que funda a própria humanidade do **homem**. Nesse sentido, no dizer de Marx, todo trabalho é uma "atividade orientada a um fim". Essa fórmula aparentemente simples contém toda a complexidade de uma categoria que é central para a compreensão da historicidade do homem. Ser

4 "no capitalismo, a função do salário é pagar o trabalho realizado"

orientado por um fim supõe uma intencionalidade. Diferentemente dos demais animais que não desenvolvem propriamente trabalho, pois sua atividade se dá de acordo com a necessidade natural, o homem transcende essa necessidade, pronunciando-se diante do mundo, manifestando sua vontade, em outras palavras, criando valores (no sentido ético). São esses valores que lhe possibilitam estabelecer os objetivos a serem realizados pelo trabalho. Pelo trabalho, produz sua existência e se faz histórico.

Pois bem, para realizar-se, o trabalho envolve três elementos: objeto de trabalho, instrumentos de trabalho e força de trabalho. Para desfazer a falácia liberal que envolve o encobrimento da exploração capitalista, é muito importante ter toda clareza acerca do que constitui cada um desses elementos. Para tanto, é bom retomar e ampliar o que vimos a esse respeito no capítulo 2.

1) O *objeto de trabalho* é a matéria sobre a qual se processa o trabalho. Como o próprio nome indica, ele é objeto da ação do sujeito (o trabalhador). É o que se transforma no produto. A tábua (objeto de trabalho) transformada pelo marceneiro (o sujeito) se incorpora na mesa (produto acabado). O objeto de trabalho também pode ser chamado de: a) matéria-prima (quando já têm

trabalho humano incorporado) ou b) **matéria bruta** (quando ainda não teve trabalho humano incorporado).

2) Os **instrumentos de trabalho** (também chamados de **instrumentos de produção**) são os meios (ferramentas, máquinas, etc.) utilizados para transformar o objeto de trabalho em produto. Diferentemente do **objeto de trabalho**, os instrumentos de trabalho não se incorporam ao produto. Também não se transformam no processo. Na verdade, eles se *desgastam*, à medida que vão sendo utilizados.

3) A *força de trabalho* é a energia humana, física e mental, despendida no processo de trabalho. Bastante atenção aqui. No senso comum e na **ideologia** liberal, costuma-se confundir força de trabalho com o trabalhador ou com o próprio trabalho. O trabalhador não é mero elemento, ele é o **sujeito** humano, quem deve comandar os elementos, aquele para quem o trabalho deve ser realizado. Da mesma forma, o trabalho não pode ser confundido com um de seus elementos, ou seja, com a energia humana gasta para realizá-lo. Estamos, portanto, diante de três categorias inteiramente distintas: um sujeito (o trabalhador), uma atividade (o trabalho) e a energia despendida (a força de trabalho).

Objeto de trabalho mais **instrumentos de produção** são denominados *meios de produção*. Constituem as con-

4 "no capitalismo, a função do salário é pagar o trabalho realizado"

dições objetivas de trabalho, por contraposição à força de trabalho, que constitui a condição subjetiva.

Assim, podemos sintetizar os elementos do processo de trabalho do seguinte modo:

Meios de produção (condições objetivas de trabalho) {
Objeto de trabalho
• transforma-se, incorpora-se materialmente no produto
a) Matéria bruta (ainda não incorporou trabalho humano)
b) Matéria-prima (já incorporou trabalho humano)
Instrumentos de trabalho
• utilizados para transformar o objeto de trabalho; desgastam-se e não se incorporam materialmente no produto

Força de trabalho (condição subjetiva de trabalho) Energia humana física e mental despendida durante o processo de trabalho

De posse desses conceitos, voltemos à análise do tema. Como vimos no capítulo 3, o processo de trabalho, no capitalismo, é o processo de produção de valor. Como é possível compreender até pelo mais comezinho senso comum, o novo produto é composto pelo valor que lhe "passou" cada mercadoria que o compõe. Uma mesa, por exemplo, tem como custo a soma dos bens e serviços empregados em produzi-la, mercadorias essas que lhe impregnam seus respectivos valores. Se os **objetos de trabalho** (madeira, pregos, verniz, etc.) custaram 40, se o desgaste dos **instrumentos de produção** (serra, martelo, lixa, etc.) custou 15, e se a **força de trabalho** empregada custou 5, então, a soma desses valores "passados" à mesa, 60, constitui seu valor. Não nos esqueçamos que todas essas **mercadorias** possuem **trabalho** humano (abstrato (capítulo 6]) incorporado; por isso, contêm **valor** e "passam" esse conjunto de valores à nova mercadoria. A própria força de trabalho só contém valor porque é composta pelas mercadorias (impregnadas de trabalho) consumidas pelo trabalhador para compor sua existência (alimentação, vestuário, moradia, formação, etc., etc.).

Mas, se o valor do novo produto é composto pelos valores das mercadorias compradas e pagas por seu justo preço, não significa, então, que tudo correu de acordo com as sagradas leis do mercado e que o trabalho do trabalhador também foi pago, não havendo assim **exploração**? Neba. Eis o segredo guardado a sete chaves pela ignorância dos incautos e pela esperteza dos "liberais": o fato de a força de trabalho impregnar de valor cada nova peça produzida não significa que todo esse valor tenha sido pago. Como veremos no próximo capítulo, o **valor de uso** da força de trabalho é produzir **valor** para o **capital**, mas ela produz um valor muito

4 "no capitalismo, a função do salário é pagar o trabalho realizado"

maior do que seu próprio valor. O capitalista paga seu valor, mas não o valor que ela produz acima do próprio valor (a mais-valia). Todo o período decorrido após a produção do valor da força de trabalho é tempo de trabalho não pago. A função, portanto, do salário não é pagar o trabalho realizado, mas apenas uma parte dele.

O valor de uso da força de trabalho é produzir valor para o capital, mas ela produz um valor muito maior do que seu próprio valor.

Observe-se como são inteiramente distintas as funções das mercadorias que acrescentam valor ao produto final. Os meios de produção (objeto de trabalho mais

53

instrumentos de produção) "passam" ao novo produto seu exato valor, sem nenhuma variação. Por isso, são chamados de capital constante. O mesmo não se dá com a força de trabalho que, além de seu valor, que é "transferido" para o novo produto, cria novo valor, ou valor excedente, e por isso é chamada de capital variável.

Verbetes do glossário citados no capítulo 4:

Capital, Dinheiro, Ética, Exploração, Força de trabalho, Forma social, Homem, Ideologia, Instrumentos de produção, Instrumentos de trabalho, Mais-valia, Matéria bruta, Matéria-prima, Mercadoria, Modo de produção, Necessidade, Objeto, Objeto de trabalho, Sujeito, Trabalho, Valor, Valor de uso, Valor excedente.

capítulo 5

"o valor de uma mercadoria é tão somente resultado da concorrência"

NEBA

5 "o valor de uma mercadoria é tão somente resultado da concorrência"

A crença de que o valor de qualquer mercadoria depende tão somente da chamada lei da oferta e da procura é um dos casos mais extraordinários de ignorância coletiva que atinge vários bilhões de habitantes pelo mundo afora. Aceita-se isso com a mesma segurança inabalável com que durante milênios se acreditou que o Sol girava ao redor da Terra. Mas não é bem assim [Neba]. A melhor maneira de negar essa crença é procurar compreender de forma rigorosa o que, de fato, faz com que as coisas tenham valor econômico. Alerto, desde já, que esta não é uma empresa fácil, embora esteja ao alcance de qualquer inteligência mediana. Um esforço imprescindível a ser feito é o de renunciar à cômoda ingenuidade diante das aparências e de procurar ver com maior acuidade os fenômenos que nos cercam. Em nosso cotidiano, por exemplo, a oferta e a demanda que regem a subida e descida dos preços nos faz pensar que é aí que reside a origem do valor das mercadorias. O que a reflexão crítica nos faz ver, entretanto, é que, para haver essa oscilação, é mister que haja um valor inicial. O que é esse valor e o que o determina é o que cumpre esclarecer.

Podemos começar dizendo que toda riqueza na sociedade capitalista se apresenta sob a forma de mercadoria, que é o verdadeiro recipiente do valor. Por sua vez, toda mercadoria possui duas *propriedades* características: valor de uso e valor de troca. *Valor de uso* é a propriedade que a mercadoria tem de atender a necessidades humanas. O valor de uso de um lápis, por exemplo, é servir para escrever. Neste sentido, valor de uso pode ser considerado simplesmente sinônimo de utilidade. Apesar da presença dessa palavra "valor" na expressão, o valor de uso não é uma grandeza econômica. Toda mercadoria tem necessariamente valor de uso, mas não precisa ser mercadoria para ser portador de valor de uso. O ar que respiramos, por exemplo, tem um valor de uso (uma utilidade) enorme, mas não é mercadoria. O valor de uso representa, assim, uma relação subjetiva entre o homem (que valora) e uma coisa (que é valorada), não é, pois, uma relação social. Podemos também usar a expressão "valor de uso" como sinônimo de coisa útil ou a própria coisa útil em si: posso, por exemplo, me referir ao "valor de uso mesa" ou considerar "a mesa como valor de uso".

O *valor de troca*, por sua vez, é a propriedade que a mercadoria tem de ser trocável por outra mercadoria. Dizemos, então, que a segunda é o valor de troca da primeira. Se 1 mesa se troca por 4 garrafas de vinho, dizemos então, que 4 garrafas de vinho são o valor de troca de 1 mesa. Diferentemente do valor de uso, o valor de troca expressa uma relação social, pois a troca é uma relação entre possuidores de mercadorias de valores de uso diferentes. Observe que, quando dizemos que 1 mesa se troca por 4 garrafas de vinho, estamos utilizando o valor de uso de uma mercadoria (vinho) como valor de troca de outra (mesa). Ademais, assim como ocorre com a expressão "valor de uso", também a expressão "valor de troca" pode designar tanto a propriedade de uma coisa quanto a própria coisa. Então, ao considerar o valor de troca da mesa, podemos também nos referir ao "valor de troca mesa" ou à "mesa como valor de troca". Podemos também inverter a operação e dizer que 1 garrafa de vinho se troca por 1/4 de mesa. Agora é o valor de uso mesa que exerce a função de valor de troca do vinho.

Obviamente, na vida prática moderna, não se usa trocar mesas por garrafas de vinho, porque contamos com o dinheiro para mediar essa transação, o que não acontecia historicamente antes do surgimento da moeda. Mesmo assim, continuaremos a utilizar esse recurso em nossos exemplos para facilitar a exposição. Não nos esquecendo que, para todos os efeitos, o próprio dinheiro é uma mercadoria, pois possui valor de uso (servir como meio de troca) e valor de troca (ser trocável por outras mercadorias).

Voltando a nosso exemplo, podemos expandi-lo e dizer que 1 mesa se troca por 20 quilos de batatas, ou por 2 gravatas, ou por 3 ingressos no teatro, ou por 100 reais, e assim por diante, porque sabemos que, nas devidas proporções, *todas as mercadorias se trocam entre si*. A mercadoria mesa não tem, portanto, um, mas infinitos valores de troca. Observamos, assim, que, diferentemente do valor de uso, que é uma qualidade intrínseca da mercadoria, o valor de troca de uma mesma mercadoria muda inúmeras vezes, de acordo com a outra mercadoria com a qual ela se relaciona.

Além disso, se uma mesa se troca por 20 quilos de batatas, e uma mesa se troca por 2 gravatas, conclui-se que 20 quilos de batatas se trocam por 2 gravatas, podendo esse raciocínio aplicar-se generalizadamente para o conjunto infinito de valores de troca de uma mesma mercadoria e dizer que todos eles são trocáveis entre si nas respectivas proporções. Vemos, assim, que os valores de troca de uma mesma mercadoria expressam, todos,

5 "o valor de uma mercadoria é tão somente resultado da concorrência"

o mesmo significado. Logo, nas diferentes mercadorias há algo em comum, cuja grandeza é expressa no valor de troca. A esse algo em comum, chamamos *valor*. O valor de troca só pode ser, portanto, a maneira de expressar-se de algo que dele se distingue e que é homogêneo em todas as mercadorias. O valor de troca nada mais é, portanto, que *a expressão do valor*.

É preciso insistir nessa diferença entre valor de troca e valor. Não são a mesma coisa, como acreditam alguns intelectuais "marxistas" que, pelo visto, não leram com atenção sequer o primeiro capítulo de *O capital*, de Marx. O valor de troca é uma mercadoria concreta, utilizada para expressar o *valor* contido em outra mercadoria; já o valor é uma categoria abstrata, produto de complexas relações sociais, como veremos a seguir, por isso "é invisível aos olhos" e só pode vir à luz na forma do valor de troca. Uma mercadoria pode ter infinitos valores de troca, mas um só valor, que é expresso por cada um desses valores de troca. A ignorância desses conceitos ou a má compreensão da diferença entre ambos pode favorecer a crença na falácia liberal de que é a razão entre oferta e procura que dá origem ao valor. Quando, por exemplo, acontece de o *valor de troca* de determinado bem ou serviço variar significativamente como resultado de especulações pontuais (disparidade entre oferta e pro-

61

cura), isso não significa que, em termos sociais globais, seu *valor* seja necessariamente afetado.

Nosso raciocínio até aqui levou-nos à constatação de que o valor é: a) comum a todas as *mercadorias*; e b) homogêneo, "igual", em todas elas, a ponto de permitir que sejam trocadas entre si, de acordo com sua equivalência. Agora, por mais que examinemos e lancemos mão de todos os mecanismos possíveis de investigação científica, verificaremos que a *única* coisa que existe de comum em absolutamente todas as mercadorias é o fato de serem produtos do trabalho humano. Só pode ser, portanto, o trabalho o que produz o valor. Falta, certamente, examinar a real homogeneidade desse trabalho, pois, à primeira vista, parece que não existe. Examino essa questão no próximo capítulo.

Mas, desde já, não há como negar: a oferta e a procura fazem variar o preço da mercadoria, mas quem produz seu valor é o trabalho. Revela-se, assim, a tremenda injustiça do capitalismo: quem constrói o mundo e sua riqueza, com seu esforço – e empenho da própria vida –, é dominado pelos que possuem a propriedade *privada* (capítulo 2) dos meios de produção e nada fazem a não ser viver à custa da exploração do outro. Essa é a verdade insofismável, que paira acima de qualquer ideologia. Levada na devida conta, mudaria o mundo.

5 "o valor de uma mercadoria é tão somente resultado da concorrência"

A *única* coisa que existe de comum em absolutamente todas as mercadorias é o fato de serem produtos do trabalho humano. Só pode ser, portanto, o trabalho que produz o valor.

Verbetes do glossário citados no capítulo 5:
Dinheiro, Exploração, Homem, Ideologia, Meios de produção, Mercadoria, Privado, Riqueza, Trabalho, Valor, Valor de troca, Valor de uso.

63

capítulo 6

"trabalho abstrato
é mera especulação
marxista"

6 "trabalho abstrato é mera especulação marxista"

Como acontece com a maioria das verdades que incomodam ao capital, quem faz essa afirmação, ou é totalmente ignorante a respeito do funcionamento do capitalismo e, portanto, desconhece por completo a contribuição de Karl Marx a respeito do assunto, ou pretende simplesmente encobrir a verdade, para favorecer os grupos econômicos dominantes. Na maioria dos casos, as duas coisas se dão ao mesmo tempo, porque o capital gosta de manter os intelectuais postos a seu serviço na ignorância das verdadeiras leis da Economia Política. Prova disso é o obscurantismo a respeito de Marx especialmente nos currículos dos cursos de Economia e de Administração, que são os mais explicitamente articulados aos interesses empresariais. É fácil disseminar e manter essa crença, porque, para perceber que não é bem assim [Neba], é preciso pensar criticamente e ter

65

um pouco de capacidade de abstração, predicados com os quais os economistas "liberais" parecem não estar muito familiarizados.

Mas não é difícil provar a falsidade da afirmação, embora tenha que se refletir, pelo menos um pouquinho. O conteúdo deste capítulo deve complementar (e aprofundar), em certa medida, o que tratamos no capítulo anterior, a respeito do **trabalho** como fonte de **valor** econômico. Ali, apresentamos os conceitos de **valor de uso**, **valor de troca** e valor, e demonstramos que a única coisa que cria verdadeiramente este último é o trabalho humano. Em nossa investigação, tínhamos chegado à conclusão de que o verdadeiro responsável pela formação do valor deveria atender a dois requisitos: a) ser comum a todas as **mercadorias**; e b) ser "igual", homogêneo, em todas elas. Encerramos nossa conversa quando concluímos que o único componente comum a todas as mercadorias era o trabalho. Falta agora examinar em que medida esse trabalho é de fato homogêneo a ponto de poder equivaler-se na troca de mercadorias portadoras de valores de uso diversos.

Para isso é preciso começar por contemplar dois novos conceitos: *trabalho concreto* e *trabalho abstrato*. Numa primeira aproximação, podemos dizer que se trata absolutamente do mesmo fenômeno, abordados sob dois pontos de vista distintos. No caso do **trabalho concreto**, partimos do conceito geral ("atividade orientada a um fim") e levamos em conta o **trabalho** em sua função de produzir valores de uso. E o fazemos tendo presente sua "concretude": na produção de uma mesa, por exemplo, consideramos as atividades concretas de escolher a madeira, medir, serrar, encaixar, envernizar, etc. e temos como produto o **valor de uso** mesa, própria para ser utilizada no escritório ou na sala de jantar. Este é o trabalho concreto. Ao contemplá-lo, não fazemos abstração de nada, consideramo-lo em sua realização prática, quer dizer, *concreta*. Daí seu nome: *trabalho concreto*. Essa percepção está ao alcance de qualquer senso comum, até mesmo dos economistas "liberais".

Pois bem, considerado o trabalho sob esse ponto de vista, como trabalho concreto, não é possível com ele preencher o requisito de algo comum a todas as **mercadorias** *e que seja ao mesmo tempo "igual"*. O trabalho que produz **valor** não é, portanto, o trabalho como trabalho concreto. Embora este esteja presente em toda mercadoria, ele é diferente em cada uma delas. Desse ponto de vista, se considerarmos, por exemplo, a troca de 1 mesa por 4 garrafas de vinho, não podemos dizer que o valor que há na mesa e no vinho deriva do fato de terem trabalho concreto incorporado, pois o trabalho (concreto) de produzir mesas *não* é "igual" ao trabalho (concreto) de produzir vinho. Como o senso comum não consegue ver o trabalho a não ser sob esse ponto de vista do trabalho concreto, sempre foi muito difícil aceitar o fato de que, sendo o trabalho humano o único elemento comum a todas as mercadorias, o valor econômico só pode ser derivado do trabalho. Em termos históricos, foi preciso a genialidade de Karl Marx para resolver o problema com o conceito de trabalho abstrato. Vamos a ele.

Tomemos, pois, aquele mesmo exemplo, e pensemos, agora, o trabalho de produzir mesas, abstraindo (quer dizer, suspendendo o juízo, pondo entre parêntesis) suas atividades concretas específicas de medir, serrar, lixar, etc. Verificaremos que, ao mesmo tempo em que o trabalhador realiza essas atividades (que resolvemos abstrair), ele despende energia humana física e mental. É esse trabalho como dispêndio de energia humana que, além de ser comum à produção de toda mercadoria, é também "igual" em todas elas. Seja fazendo uma mesa, seja produzindo vinho, seja construindo um avião, onde houver um trabalhador exercendo atividades diferenciadas, haverá algo comum que é responsável pela "igualação" das mercadorias, na troca.

6 "trabalho abstrato é mera especulação marxista"

É esse ponto de vista que leva ao encontro do chamado trabalho abstrato. Mas, calma! Ainda não temos o conceito pleno de trabalho abstrato. Ele não tem apenas essa característica "fisiológica" de dispêndio de energia humana. Ele não se reduz a isso, embora (não nos esqueçamos) ele seja *também* isso. Como vimos no capítulo 4, a energia humana despendida no processo de trabalho chama-se força de trabalho. Agora é que vem o mais importante: a força de trabalho no modo de produção capitalista apresenta-se como mercadoria, comprada (pelo capitalista) e vendida (pelo trabalhador). Sabemos que, numa sociedade mercantil, como os bens e serviços necessários à vida dos indivíduos são produzidos *privadamente*, cada agente produtivo abre mão do bem ou serviço que produz em favor dos bens e serviços produzidos pelos demais agentes produtivos. Isso se dá pela troca de mercadorias. A mercadoria é, portanto, o veículo da socialização dos produtos necessários à produção da vida material na sociedade. Assim, a força de trabalho como mercadoria, para além de sua característica fisiológica, se apresenta como uma categoria essencialmente sociológica.

A rigor, não é tão surpreendente que seja a força de trabalho a determinar o valor das mercadorias e a dar essa conotação francamente sociológica ao conceito de

69

o capital para educadores

A força de trabalho no modo de produção capitalista apresenta-se como mercadoria, comprada (pelo capitalista) e vendida (pelo trabalhador).

trabalho abstrato. Afinal, a **força de trabalho** consubstancia-se na própria vida do indivíduo que trabalha. É para suprir suas potencialidades vitais que ele desenvolve suas atividades. O **homem** trabalha para viver (embora os

6 "trabalho abstrato é mera especulação marxista"

sistemas injustos como o capitalismo o façam viver para trabalhar). Só que ele não consegue produzir *diretamente* toda sua existência material. Como ser social, ele precisa participar da divisão social do trabalho, cedendo parte do que produz e tendo acesso à produção dos outros produtores.

Para todos os efeitos, podemos agora afirmar com maior precisão que não é simplesmente o trabalho, mas o *trabalho abstrato*, o responsável pela produção do valor na sociedade capitalista. As dificuldades não se encerram aqui. Falta considerar, finalmente, a magnitude do valor, que certamente deverá ser aferida pelo tempo de trabalho aplicado na produção. Este, entretanto, é assunto do próximo capítulo.

Verbetes do glossário citados no capítulo 6:

Capital, Divisão social do trabalho, Economia Política, Força de trabalho, Homem, Mercadoria, Modo de produção, Privado, Trabalho, Trabalho abstrato, Trabalho concreto, Valor, Valor de troca, Valor de uso.

71

capítulo 7

"na teoria do valor-trabalho, é o tempo cronológico que mede a magnitude do valor"

7 "na teoria do valor-trabalho, é o tempo cronológico que mede a magnitude do valor"

Esse equívoco, nem sempre explícito, costuma ocorrer quase sempre que se começa a estudar a teoria do valor em Marx. Após compreender que o que produz o valor é o trabalho abstrato (capítulo 6), ou seja, o trabalho como dispêndio de força de trabalho, e que a magnitude desse valor é medida pelo tempo de trabalho, parece natural que, quanto mais tempo uma pessoa aplicar-se em produzir determinada mercadoria, mais valor ela lhe acrescenta. Todavia, não é bem assim [Neba].

Se fosse o tempo cronológico medido em horas o parâmetro para aferir a magnitude do valor de uma mercadoria, então, um trabalhador inapto, por exemplo, que produzisse uma peça em uma hora, acrescentaria a essa peça o dobro do valor que acrescentaria um trabalhador especializado que a produzisse em meia hora apenas. Da mesma forma, uma unidade produtiva qualquer, que utilizasse instrumentos de produção adequados e tecnologia avançada, de tal forma que conseguisse produzir 100 peças de determinado valor de uso em uma jornada de trabalho, teria de vender cada uma dessas unidades pela metade do preço que conseguiria uma outra unidade produtiva que operasse com instrumentos de produção precários e tecnologia rudimentar, e assim conseguisse produzir apenas 50 unidades por dia da mesma mercadoria.

Sabemos que não é assim que as coisas acontecem. O erro básico desse raciocínio é supor que é o trabalho concreto que cria valor, não o trabalho abstrato, como verificamos anteriormente. Ora, se é o trabalho abstrato que cria valor, sua medida só pode ser o *tempo de trabalho abstrato*. Se trabalho abstrato é uma categoria social, obviamente o tempo de trabalho abstrato terá de ser algo determinado socialmente. Por isso, a medida do valor não leva em conta a hora relógio do trabalho concreto, mas aquilo que Marx chama de "tempo de trabalho médio socialmente necessário". "Socialmente necessário" tem a ver com o estágio de desenvolvimento das forças produtivas – ou seja, dos conhecimentos, técnicas e instrumentos utilizados no processo de produção na sociedade. Se, por exemplo, as forças produtivas disponíveis na sociedade permitem produzir determinado bem ou serviço

7 "na teoria do valor-trabalho, é o tempo cronológico que mede a magnitude do valor"

em uma hora, com o emprego de determinada força de trabalho, qualquer produtor que, utilizando a mesma força de trabalho, gastar um tempo maior que uma hora, estará empregando tempo desnecessário. Portanto, esse tempo adicional não acrescentará nenhum valor novo à mercadoria resultante.

Se é o trabalho abstrato que cria valor, sua medida só pode ser o *tempo de trabalho abstrato*. Não é, portanto, em horas e minutos que ele se mede, mas em tempo socialmente necessário expresso no valor de troca.

Com relação ao "tempo de trabalho *médio*", não se trata de maneira nenhuma de uma média aritmética dos múltiplos tempos de trabalho verificados na sociedade.

75

Aqui entra um aspecto muito importante e que pode provocar sérios equívocos. Vimos (capítulo 5) que o produtor do valor não é a concorrência, mas o trabalho. Isso não significa que o valor não seja influenciado pelo mercado, pois cabe a este um papel determinante no estabelecimento do tempo médio socialmente necessário. Numa sociedade mercantil, o trabalho de cada produtor *privado* tem, contraditoriamente, um duplo caráter *social*. Essa contradição se explica porque, em primeiro lugar, ao produzir algo para a troca, o produtor o faz de tal modo que esse algo tenha um valor de uso social, isto é, seja útil para outrem. Portanto, está suposta, já, no momento em que se produz, a relação com outro produtor que precisa ter interesse em sua mercadoria para decidir adquiri-la. Em segundo lugar, o produtor não produz algo para seu consumo final. O que ele deseja com a mercadoria que produz é ter acesso, pela troca, a outras mercadorias, produzidas por outrem. De novo está suposta, já na produção, a relação social com outros produtores.

Esse caráter social leva cada produtor – para vencer a concorrência na oferta de seus produtos – a buscar o máximo de produtividade, empregando as forças produtivas mais adequadas a seu alcance, de modo a produzir mais mercadorias por unidade de tempo, diminuindo assim o tempo de trabalho que é preciso para sua produção.

7 "na teoria do valor-trabalho, é o tempo cronológico que mede a magnitude do valor"

Esse comportamento leva a que, inconsciente e involuntariamente, se consigne uma média que é dinâmica e com tendência declinante.

Aqui é muito importante observar que diminuir o tempo de trabalho requerido para a produção não significa *apenas* trabalhar mais rapidamente. O valor que comporá a mercadoria que está sendo produzida será a soma dos valores de seus componentes: meios de produção (objeto de trabalho mais instrumentos de produção) e força de trabalho. Cada um desses elementos já contém trabalho abstrato incorporado. Assim como o objeto de trabalho e os instrumentos de trabalho têm seus valores (trabalho pretérito) transferidos para o produto final, também a força de trabalho tem o seu valor transferido.

Como toda mercadoria, o valor da força de trabalho é resultado da incorporação dos valores das mercadorias que a compõem: alimentação, vestuário, moradia, locomoção, lazer, educação, etc., ou seja, tudo o que o trabalhador consome para apresentar-se em condições de trabalhar. Como sabemos (capítulo 4), esse valor é passado para as mercadorias numa primeira parte da jornada de trabalho (isso é pago pelo capital), mas o trabalhador continua *acrescentando* esses mesmos valores durante o restante da jornada, produzindo valor novo (que não é pago pelo capitalista, e constitui a mais-valia).

77

De qualquer forma, a "substância" desse valor novo é a mesma do outro: trabalho abstrato contido na força de trabalho. Outra dúvida que aparece frequentemente entre os que têm a felicidade de se iniciar no conhecimento da teoria científica do valor de Marx diz respeito à dificuldade de aceitar algo aparentemente bizarro como o fato de que o dinheiro que expressa o valor de uma mercadoria está, na verdade, representando horas de trabalho. Muitos perguntam: "Por que se diz que determinada mercadoria custa 40 reais, ou 10 dólares, e não tantas horas e tantos minutos?"

A razão é muito simples e está contida no fato de que o valor só se expressa por meio do valor de troca. Dinheiro (40 reais) é uma mercadoria que *funciona* como valor de troca expressando o valor. Como vimos no capítulo 5, o valor não é diretamente visível. Desde os sistemas de troca mais simples, anteriores ao capitalismo, as trocas se davam entre valores de troca que expressavam valores. O agricultor que produzia sua vida indiretamente cultivando trigo, que ele trocava por outros bens necessários a sua manutenção e a de sua família, já permutava valores de uso que continham trabalho incorporado. Ao confrontar seu trigo com calçados, por exemplo, para saber a quantos pares de sapatos corresponderia uma arroba de trigo, é

7 "na teoria do valor-trabalho, é o tempo cronológico que mede a magnitude do valor"

como se ele se perguntasse: "Se, em vez de produzir trigo, eu estivesse produzindo sapatos com a mesma eficiência com que produzo trigo, quantos pares de calçados eu produziria no tempo em que despendi para produzir essa arroba de trigo?" Ele não tinha consciência disso, mas essa era a lógica que dirigia suas decisões. É a lógica de uma sociedade em que a **divisão social do trabalho** se dá por meio da troca de equivalentes.

Verbetes do glossário citados no capítulo 7:

Capital, Dinheiro, Divisão social do trabalho, Educação, Força de trabalho, Forças produtivas, Instrumentos de produção, Instrumentos de trabalho, Mais-valia, Meios de produção, Mercadoria, Objeto de trabalho, Privado, Tempo de trabalho médio socialmente necessário, Trabalho, Trabalho abstrato, Trabalho concreto, Valor, Valor de troca, Valor de uso.

capítulo 8

"a divisão social do trabalho é a causadora da desigualdade no capitalismo" NEBA

8 "a divisão social do trabalho é a causadora da desigualdade no capitalismo"

Não parece frequente, mas já ouvi pessoas, talvez com base em mal aprendidas lições de Sociologia, afirmarem que a injustiça social que se verifica em nossa sociedade (capitalista) é produto da divisão social do trabalho, em que uns realizam as tarefas mais pesadas e trabalham mais, e outros ficam com os encargos mais leves e dedicam menos tempo ao trabalho. Apesar de sua aparência de verdade, o problema com esse tipo de afirmação é a confusão que se estabelece entre causa e efeito, com o risco de obscurecer a própria ocorrência da luta de classes. Uma maior precisão de alguns conceitos certamente nos convencerá de que não é bem assim [Neba].

Comecemos por distinguir entre divisão social e divisão pormenorizada (ou divisão técnica) do trabalho. Esta última é a que se verifica no interior de determinada

81

unidade produtiva. É a divisão de um mesmo ofício em múltiplas tarefas específicas, de modo a especializar o processo e torná-lo mais econômico em termos de tempos e movimentos. Já a divisão social é aquela que se dá na sociedade como um todo, ou seja, a distribuição da produção entre as inúmeras unidades produtivas. Enquanto a divisão técnica é própria de sociedades mais desenvolvidas, havendo estágios sociais em que ela nem se verifica, a **divisão social do trabalho** é inerente a toda sociedade humana.

Isso decorre do fato de que o **homem**, como ser histórico, é necessariamente social. O que isso significa? Significa que o ser humano só consegue existir estabelecendo relações diretas e indiretas com outros seres humanos. Não existe o homem isolado. Desde as épocas mais primitivas os seres humanos produzem sua vida de forma social. Ou seja, na impossibilidade econômica de produzir sozinho toda a variedade de bens e serviços de que necessita para viver, cada ser humano depende do esforço de outros e também contribui para a existência desses outros.

O homem se faz histórico pelo **trabalho**. Diferentemente dos demais seres da **Natureza**, que transitam exclusivamente no domínio da **necessidade**, o homem transcende a necessidade natural, manifestando-se diante do mundo e criando valores (**Ética**). A partir desses valores, estabelece objetivos, que busca realizar pelo **trabalho**.

O exame do processo de trabalho (sobre o qual falaremos no próximo capítulo) revela toda a especificidade e grandeza do **humano-histórico**. O agir humano sobre a **Natureza** é radicalmente diverso da atividade dos demais seres vivos. Enquanto estes agem naturalmente, *necessariamente*, movidos apenas pelas leis da Natureza, o **homem** o faz *livremente*, quer dizer, como resultado de sua vontade. O conceito de trabalho já revela isso: "atividade orientada por um fim". A atividade do trabalho é, pois, guiada por um fim que é a consubstanciação dos valores (éticos) criados pelo homem. Assim, o homem se faz humano-histórico pelo trabalho. Por isso é que se diz que, ao transformar a Natureza pelo trabalho, o homem transforma sua própria natureza (Marx). Certamente, esta não é uma transformação *natural*, nem individual, pois estamos falando do homem como espécie. O que ele transforma é a condição da própria espécie. Ao trabalhar, realizando seus fins, o homem liberta-se cada vez mais da condição natural, necessária, fazendo-se livre, histórico, numa palavra, fazendo a **História**.

Para trabalhar, o homem necessita de **objetos de trabalho** (que no início da História são essencialmente a própria terra e os elementos da Natureza selvagem) e instrumentos de trabalho (uma pedra, um pedaço de pau). Mas uma contradição ele sempre teve de enfrentar: ao produzir sua força de trabalho (sua energia vital, sua própria existência), ele gasta a própria força de trabalho. Por conta disso, seu trabalho precisa ter uma eficiência que ele jamais alcançaria se tivesse de produzir sozinho todos os itens necessários a sua subsistência. A distribuição social dos múltiplos ofícios e produções vai permitir que cada indivíduo, grupo, ou unidade produtiva em geral, produza com maior efetividade determinado bem ou serviço que será trocado por outros produzidos também com bastante eficiência e economia por outras unidades produtivas.

A divisão social do trabalho tem sido fator importante no desenvolvimento das forças produtivas, de tal sorte que o homem foi conseguindo produzir um excedente cada vez maior com o emprego de sua força de trabalho, a tal ponto que, hoje, se não houvesse desigualdades, *todos* teriam acesso a uma vida confortável com maior liberdade e dignidade. A função da divisão social do trabalho não é, portanto, instaurar a desigualdade entre os homens, mas, antes, tornar viável a produção de um excedente cada vez maior, de modo a possibilitar uma vida melhor a todos.

8 "a divisão social do trabalho é a causadora da desigualdade no capitalismo"

A desigualdade surge, não com a divisão social do trabalho, mas com a apropriação, por alguns, das condições objetivas de vida. É o que acontece em nossa sociedade, em que uma infinitésima minoria detém os meios de produção, na forma do capital, e explora o restante da população, apropriando-se do valor excedente produzido pelo trabalho. Nesse processo, essa minoria entra em conluio com as camadas médias (também exploradas, mas que assim se fazem suas cúmplices), e perverte até mesmo a divisão social do trabalho, ao reservar aos mais frágeis politicamente (negros, mulheres, camponeses, imigrantes, etc.) as tarefas e ofícios mais pesados e mais desvalorizados socialmente.

A direção a seguir, por meio de atos e pensamentos, é, pois, aquela que leva à superação da atual ordem econômico-social capitalista, necessariamente desigual, necessariamente injusta. O conhecimento sobre a divisão social do trabalho e a consciência da dependência que cada um de nós temos, de bilhões de pessoas, próximas e distantes, para a construção de nossa vida do dia a dia, podem ser uma boa motivação para a luta. É saber que o mais singelo item de consumo que compõe nossa vida cotidiana não depende apenas das pessoas próximas com as quais temos contato no dia a dia, mas de uma infinidade de outras distantes no espaço e no tempo. Tudo

85

Por que tanta miséria em meio à comprovada abundância e desperdício? A desigualdade surge, não com a divisão social do trabalho, mas com a apropriação, por alguns, das condições objetivas de vida.

que usufruímos para compor nossa vida diária e nossa biografia é produto de muito suor, sangue, lágrimas (também sorrisos) os quais nos esquecemos de reverenciar, apenas por falta de consciência dos embates, derrotas e vitórias que preencheram (e continuam a preencher) o conteúdo da História.

A abelha, outro animal social – que, como o homem, só existe no plural, mas de qualquer forma um simples animal –, se sacrifica por sua colmeia, ferroando o intruso, e assim perdendo a própria vida. Por que nós, seres históricos, que nem precisamos perder a vida para agir com igual solidariedade, nos fechamos em nosso ensimesmamento para, no máximo, amar o nosso próximo – e mesmo assim, em geral, apenas com o interesse egoísta-religioso de salvar a própria alma? Pense nisso e descubra por que nossa aparente pequenez – o fato de sermos apenas um em bilhões – pode nos revelar toda nossa grandeza, quando tomamos consciência e nos fazemos responsáveis pelo mundo.

Verbetes do glossário citados no capítulo 8:
Capital, Divisão social do trabalho, Ética, Força de trabalho, Forças produtivas, História, Homem, Humano-histórico, Instrumentos de trabalho, Liberdade, Meios de produção, Natureza, Necessidade, Objeto de trabalho, Trabalho, Valor excedente.

87

capítulo 9

"sob o capitalismo prevalece o trabalho livre"

9 "sob o capitalismo prevalece o trabalho livre"

Porque, no capitalismo, o trabalhador não é obrigado, por nenhum constrangimento legal, a servir a um empregador determinado, tendo inclusive o direito de ter sua atuação regida por um contrato entre as partes, costuma-se considerar que, nesse regime, o trabalho é livre. Na verdade, não é bem assim [Neba]. Já afirmei, em outra oportunidade (*Professor: artesão ou operário?*), que esse é, na verdade, um dos mais importantes contos do vigário utilizados pelo capitalismo para camuflar a real condição do trabalhador. Karl Marx ironizou esse sofisma, dizendo que o trabalhador capitalista é realmente "livre" em duplo sentido. Primeiramente, livre de qualquer propriedade de meios de produção (capítulo 2), de tal sorte que só pode produzir sua existência material submetendo-se

89

às condições de quem os detém; e, em segundo lugar, livre para escolher, entre os candidatos a explorá-lo, aquele a quem ele vai se submeter. Ser livre é ter poder de opção. A liberdade é o oposto da necessidade. Esta vigora no domínio da Natureza, é tudo aquilo que acontece *necessariamente*, independentemente da vontade e da ação de um sujeito. Costumamos dizer que o pássaro é livre para voar. Neba. O pássaro não tem liberdade, ele *necessariamente* voa. Quem tem a liberdade de voar é o homem, porque pode optar entre voar e não voar. E essa liberdade foi construída por ele, pelo trabalho. E aqui aparece bem o mais importante do tema. A liberdade não é natural, é histórica. É algo produzido intencionalmente pelo homem. E este o faz por meio do trabalho. Liberdade não se dá, liberdade não se recebe, liberdade também não se conquista: liberdade se constrói – pelo trabalho. Não estamos falando aqui de simples licença, ou permissão para agir, estamos falando daquilo que nos afasta (nos *livra*) da fatalidade, da necessidade natural. Antes, por exemplo, o homem fatalmente, necessariamente, tinha que vencer grandes distâncias a pé. Hoje ele tem a liberdade (poder de opção) de ir a cavalo, de carroça, de automóvel, de navio, de avião, de foguete. Nada disso é natural (nem mesmo a domesticação do cavalo, diga-se de passagem). Tudo é produto da atividade humana, ou seja, do trabalho, "atividade adequada a um fim". Contrariamente ao que propala a maioria das religiões, o trabalho em si não é nenhum castigo. Ele é, em vez disso, a marca da liberdade humana. Movido por *valores* que cria, o homem plasma determinado objeto, transformando-o no produto estabelecido como fim. Ao fazer isso, eleva-se à condição de sujeito, despregando-se da necessidade natural, e fazendo a História. A liberdade supõe aqui a) a propriedade de seu corpo; b) a autonomia na ação; e c) o direito ao usufruto de seu labor. Como resultado da aplicação da força de trabalho, tal produto constitui *a própria extensão de si*. Assim, o trabalhador, o trabalho e o produto constituem um todo indiviso em sua interdependência. Isolar um desses elementos como faz o capitalismo, apropriando-se do produto do trabalho, é arrebatar do trabalhador uma parte de sua própria individualidade. É cindir a unidade da individualidade humana, é alienar o criador de sua criatura. É a essa separação que se refere quando se diz que o trabalho capitalista é alienado. Ele não é alienado simplesmente porque é dividido. A divisão técnica (pormenorizada) do trabalho é compatível com o trabalho livre. A verdadeira alienação (cisão) se dá quando o trabalhador é separado de sua obra. Sob o capitalismo, é, inclusive, esta cisão que determina a divisão técnica desumana que verificamos hoje. Sob a falácia do trabalho (capitalista) livre, o **liberalismo** (Eta termo mais impróprio!) confunde **liberdade** (histórica) com licença

O trabalho em si não é nenhum castigo.

para oprimir, usurpando do trabalhador o direito a sua própria integridade, e impondo o trabalho forçado.

Mesmo sem entender muito de Economia Política, é possível perceber com muita clareza a natureza forçada do trabalho capitalista, se o compararmos com um trabalho efetivamente livre, ou seja, um trabalho em que a propriedade dos meios de produção garanta ao trabalhador a propriedade *inteira* de seu produto.

Pense num exemplo trivial em que você se põe a fazer um bolo em sua casa para servir-se dele ou servi-lo a seus familiares e amigos, ou até mesmo para vendê-lo. Na situação, imagine que você é o proprietário dos meios de produção: matéria-prima (farinha, ovos, açúcar, demais ingredientes) e instrumentos de produção (batedeira, forma, fogão, etc.). Aqui você tem acesso livre (não apenas permissão, sob condições impostas por outrem) às condições objetivas de trabalho. Você aplica sua força de trabalho (sua energia física mais seus conhecimentos e habilidades culinárias) e tem como resultado um produto que lhe pertence. Esse produto é como uma extensão de você mesmo, e não é alienado de você por vontade alheia. Seu trabalho, em tudo, se configurou uma atividade verdadeiramente livre. Seu motivo para trabalhar era o próprio trabalho e seu produto concreto, o bolo. Essa operação o faz sentir-se realizado. Não se trata, portanto, de fugirmos do **trabalho**, mas de realizar um que nos engrandeça.

Compare agora com uma situação em que você é assalariado ou assalariada numa fábrica de bolos sob o **modo de produção** capitalista. Abstraiamos a **divisão pormenorizada do trabalho** que normalmente existe numa fábrica moderna, e suponhamos que você realize o mesmíssimo **trabalho concreto**, isto é, utilize os mesmos **meios de produção** e o mesmo procedimento que utilizou em casa para fazer o seu bolo. Por mais que tudo pareça igual, uma coisa importante mudou: a *forma social* a que o trabalho se submete. No primeiro caso, o produtor (você) era o proprietário dos meios de produção. Ali você tinha o acesso direto (livre) ao seu *motivo* (o bolo). No segundo caso, o proprietário é outro, a quem você vende sua **força de trabalho**. Aqui sua motivação é extrínseca ao próprio trabalho. Você é *forçado* a fazer o bolo como condição para ter acesso a seu verdadeiro motivo: o salário.

Assim acontece com todo trabalho capitalista: o trabalhador não é explorado por sua vontade livre, mas porque, ao não ter acesso, por nascimento, aos meios de produção, é forçado a atender aos interesses do **capital**, em troca do prêmio de consolação do salário, que repõe sua força de trabalho, mas não paga todo o **valor** produzido em acréscimo (capítulo 4). A isso, o liberalismo, ideologia do capital, chama cinicamente de trabalho livre. Um trabalho "livre" que degrada a humanidade do ser humano, negando-lhe a própria liberdade.

Simples assim. O estranho não é o ser simples, o espantoso é essa enorme simplicidade ser encoberta tão inexoravelmente pela ideologia liberal.

Verbetes do glossário citados no capítulo 9:
Alienação, Força de trabalho, Capital, Divisão pormenorizada do trabalho, Economia Política, História, Homem, Ideologia, Instrumentos de produção, Liberdade, Meios de produção, Modo de produção, Natureza, Necessidade, Objeto, Poder, Sujeito, Trabalho, Trabalho concreto, Trabalho forçado, Trabalho livre, Forma social, Valor.

capítulo 10

"é a divisão técnica do trabalho que provoca a alienação do trabalhador"

NEBA

10 "é a divisão técnica do trabalho que provoca a alienação do trabalhador"

Há uma crença disseminada, mesmo entre alguns que se consideram economistas, de que a extrema subdivisão das tarefas na indústria moderna e na produção de modo geral é que provoca a alienação do trabalhador, fazendo-o perder a noção do todo e agir como um autômato. Fica fácil, com esse discurso, ocultar o verdadeiro papel da exploração na alienação do trabalhador, dizendo que esta é consequência inevitável da modernidade e do avanço tecnológico. Mas não é bem assim [Neba].

No capítulo anterior, eu mencionei esta questão, afirmando que a divisão técnica (pormenorizada) do trabalho é, sim, compatível com o trabalho livre e que a verdadeira alienação (cisão) se dá quando o trabalhador é expropriado de sua obra. Dizia também que, sob o capitalismo, é, inclusive, esta cisão que determina a divisão técnica desumana que verificamos hoje. Vamos,

97

agora, fazer uma tentativa de explicitar isso, desenvolvendo dois importantíssimos conceitos da Economia Política marxista: *subsunção formal* e *subsunção real do trabalho ao capital*.

Comecemos por elucidar o significado desses qualificativos "formal" e "real", que levam muitos a acreditar que, no primeiro caso, se trata apenas de uma formalidade, o que absolutamente não corresponde à verdade. Falamos em subsunção formal quando queremos destacar a *forma social* dessa subordinação do trabalho ao capital, mas se trata de algo tão real e verdadeiro quanto a chamada subsunção real. Como veremos a seguir, melhor seria chamar esta última de subsunção "concreta", por contraste com a formal, em que se faz a *abstração* desse concreto e se lança o foco sobre a *forma social real* de subordinação. Vejamos como isso se dá.

Pensemos o trabalho livre, isto é, na *forma social* da propriedade dos meios de produção pelo produtor/trabalhador, em que não haja, portanto, a exploração. Nessa forma, o trabalho se subordina ao próprio trabalhador, pois é este o proprietário dos meios de produção. Seu papel é de sujeito (que impõe sua vontade e interesses) tanto com relação ao *resultado* do trabalho (uma forma social de propriedade sem dependência de outrem) quanto com relação a seu *processo* (em que ele maneja com autonomia os objetos de trabalho e os instrumentos de produção). Não há alienação, não há separação entre o criador e sua obra. Cada produto pode ser o resultado de um trabalho "inteiriço", de sorte que as tarefas se conjuguem no processo, de modo a dar origem a uma peça completa de cada vez. (Aliás, essa forma de trabalho inteiriço era a que prevalecia nos modos de produção anteriores ao capitalismo.) Nada impede, entretanto, que o produtor, com o objetivo de acelerar o processo, divida *tecnicamente* seu trabalho, executando uma tarefa determinada em muitas peças, repetindo o procedimento para cada uma das tarefas e depois arranjando os resultados de modo a dar origem a vários produtos completos de uma só vez. Observe-se que não há nada nesse processo de trabalho pormenorizadamente dividido que possa torná-lo alienado. Não é, portanto, a divisão técnica que provoca a alienação, pois em ambos os casos o produtor tem acesso livre ao trabalho e a seu produto.

Em seus inícios, o sistema capitalista mantém o processo de trabalho da maneira que o encontra como herança dos modos de produção anteriores. Ou seja, o trabalho é predominantemente não dividido, vigorando, assim, *apenas* a subordinação formal do trabalho ao capital. E é essa palavrinha "apenas" que costuma induzir a interpretações equivocadas, como se subsunção "apenas" formal ao capital já não fosse suficientemente trágico para degradar o **trabalho** e torná-lo alienado. "Apenas" significa tão somente que ainda há outro meio de tornar o trabalho degradante, isto é: além da **forma social**, há o processo concreto de trabalho em si. Mas, desde o início, já se dá a mudança da forma social: em lugar do **trabalho livre**, temos agora o **trabalho forçado** (como vimos no capítulo anterior); em vez do trabalhador livre, temos agora o trabalhador alienado. Ponto.

Com o desenvolvimento do capitalismo, essa **alienação** básica, original, nem sempre visível aos olhos, ganhará forma concreta e perceptível, ao dividir-se exacerbadamente o processo de trabalho, consubstanciando-se naquilo que chamamos *subordinação real do trabalho ao capital*. A característica distintiva dessa subsunção é que aquilo que se dava *formalmente* (na forma social) passa a dar-se também *concretamente*, no desempenho e comportamento pessoal de cada trabalhador. Na subsunção (apenas) formal, não obstante a subordinação social do trabalho ao capital, o *processo* de trabalho se desenrolava como se o trabalhador fosse o **sujeito**, a comandar os **meios de produção**, porque era ele quem concretamente manuseava os **instrumentos de trabalho**, aplicando o seu ritmo, ao transformar o objeto de trabalho. Agora, na **subsunção real**, são, concretamente, os meios de produção que comandam o trabalhador, determinando-lhe diretamente

10 "é a divisão técnica do trabalho que provoca a alienação do trabalhador"

as ações e os ritmos do processo mesmo de trabalho, de modo a favorecer os interesses do capital, destroçando assim a subjetividade do trabalhador. Vários são os fatores que levam a essa situação, e complexas as questões que ela suscita. Aqui, apenas menciono de passagem alguns desses pontos, mas você pode encontrá-los mais desenvolvidos em meu livro *Administração escolar: introdução crítica*, capítulo 2, item 2.

A primeira observação é que o capital não apenas divide o ofício em múltiplas tarefas, mas atribui cada uma delas a executores diferentes. Isso redunda em vantagens técnicas importantes, como: a) a maior especialização, com aumento da destreza de cada executor; b) a economia de tempo em virtude dessa destreza e da poupança do tempo que o trabalhador gastava para passar de uma tarefa a outra; c) a simplificação de tarefas e procedimentos, de modo a se poder inventar novas máquinas que substituam os trabalhadores. Mas há também implicações econômicas, sociais e políticas, que raramente são mencionadas: a) economia na compra da força de trabalho, pois agora o capital pode pagar o mesmo preço por força de trabalho competente em cada uma das tarefas, enquanto antes cada empregado podia ser capaz em algumas tarefas mas inábil em outras; b) maior intensificação do trabalho, pois o tempo que o trabalhador gastava para passar de uma tarefa para outra agora é preenchido com mais trabalho efetivo; c) expropriação do conhecimento pelo capital, ficando o trabalhador "especialista" numa ocupação extremamente restrita e limitando sua própria formação pessoal; d) transformação do trabalhador em mero aleijão, com perda de sua subjetividade, solapamento de sua satisfação na profissão e surgimento de problemas psicológicos; e) maior eficiência da gerência (como controle do trabalho alheio), diante de tarefas mais simples e mais fáceis de controlar.

Finalmente, é preciso lembrar que essa divisão pormenorizada, desastrosa para o trabalhador, não é produto de nenhuma intenção maligna (capítulo 3), mas mera consequência da necessidade que o capital tem de se expandir. Numa hipotética sociedade socialista, ou seja, numa sociedade em que vigore a propriedade universal (não privada) dos meios de produção, certamente haverá uma alentada divisão pormenorizada do trabalho (incluindo a presença massiva de máquinas e robôs). Só que, então, sem a subordinação formal (determinada pela forma capital), não haverá necessidade (nem o interesse) de subordinação real (concreta), porque os fins e interesses a guiar a produção e a organização social seriam públicos (de todos), não privados (de um grupo detentor do capital).

10 "é a divisão técnica do trabalho que provoca a alienação do trabalhador"

A divisão técnica do trabalho não é a origem da alienação no capitalismo, mas serve a essa alienação, destroçando a personalidade do trabalhador.

Verbetes do glossário citados no capítulo 10:

Alienação, Capital, Divisão técnica do trabalho, Divisão pormenorizada do trabalho, Economia política, Exploração, Força de trabalho, Forma social, Instrumentos de produção, Instrumentos de trabalho, Meios de produção, Modo de produção, Objeto de trabalho, Política, Privado, Público, Subsunção formal, Subsunção real, Sujeito, Trabalho, Trabalho forçado, Trabalho livre.

capítulo 11

mais-valia absoluta, mais-valia relativa e mais-valia extraordinária

11 mais-valia absoluta, mais-valia relativa e mais-valia extraordinária

Compreendido o conceito de mais-valia, fica muito fácil apreender os significados de mais-valia absoluta, mais-valia relativa e mais-valia extraordinária. Pode-se dizer, grosseiramente, que cada uma dessas expressões enfatiza aspectos da mais-valia, a qual, ao fim e ao cabo, é uma só. Vejamos.

Como sabemos (capítulo 7), a mais-valia consiste no valor excedente produzido pelo trabalhador, ou seja, aquele valor gerado para além da produção do valor de sua força de trabalho. É como se a jornada de trabalho fosse dividida em duas partes: na primeira, chamada *tempo de trabalho necessário*, é produzido o valor da força de trabalho, e esse trabalho é chamado trabalho necessário; na segunda, denominada *tempo de trabalho excedente*, se produz o valor excedente, aquele que se consubstancia na mais-valia, e esse trabalho é chamado *trabalho excedente*.

Observe que a mais-valia só se realiza porque a jornada de trabalho não se limita ao tempo de trabalho necessário. Senão não haveria exploração, nem capitalismo.

Há milênios, o homem produz mais do que o necessário para viver. Há milênios os poderosos ficam com o excedente. No capitalismo, esse excedente se chama mais-valia e fica nas mãos do capitalista.

No século XIX, quando Marx escreveu *O capital*, esse acréscimo de trabalho já era prática estabelecida e aplicada há muito tempo. Marx analisa o fenômeno e o chama de mais-valia. Não precisaria outra especificação para esse conceito – com a consequente criação

11 mais-valia absoluta, mais-valia relativa e mais-valia extraordinária

da expressão mais-valia absoluta – se a análise parasse por aí. Isso, entretanto, não aconteceu, porque a aguda percepção de Marx o levou a apontar para outra forma de produzir mais-valia, ou melhor, uma outra face da produção da mais-valia, a que ele dará o nome de mais-valia relativa.

Explicitemos, antes, o conceito de mais-valia absoluta, que nada mais é que a mais-valia decorrente da extensão da jornada de trabalho para além do tempo de trabalho necessário. Note-se que, em favor da precisão, não basta dizer, como é muito frequente, que mais-valia absoluta é a extensão da jornada de trabalho, mas sim que ela é a extensão da jornada de trabalho *para além do tempo de trabalho necessário*. Para além desse tempo, sempre que se tiver um acréscimo de mais-valia decorrente da extensão da jornada de trabalho, se pode dizer que há incremento da mais-valia absoluta. Esta se dá – ou é incrementada – também quando ocorre a intensificação do trabalho. O que acontece neste caso é que, em determinado intervalo de tempo, por ter de aplicar um esforço adicional, o trabalhador acaba por despender energia física e mental correspondente a um tempo maior. É como se, na verdade, estivesse estendendo seu tempo de trabalho excedente, produzindo, portanto, mais-valia absoluta.

107

Vemos, assim, que o conceito de mais-valia absoluta nada mais é que uma explicitação do conceito de mais-valia, focalizando um dos fatores que a tornam possível, ou seja, a possibilidade e o fato de se continuar produzindo valor para além do tempo de trabalho necessário. Analogamente, o conceito de mais-valia relativa vai deter-se em outro determinante dessa possibilidade. Neste caso, destaca-se o desenvolvimento constante das forças produtivas, com a consequente diminuição do valor da força de trabalho e o também consequente encurtamento do tempo de trabalho necessário para produzi-la. À medida que se desenvolvem os conhecimentos, técnicas e instrumentos de que depende a produção de mercadorias, isso torna possível maior produção em tempo menor, fazendo cair o montante de trabalho aplicado para conseguir a mesma quantidade de objetos produzidos, provocando, com isso, a queda do valor unitário desses produtos. Quando essa queda de valor se generaliza na sociedade, de modo a atingir os produtos e serviços que compõem a força de trabalho, isso resulta na redução do valor dessa mercadoria, de tal modo que diminui também o tempo de trabalho necessário para produzi-la. Mantido o tamanho da jornada de trabalho, há um aumento no tempo de trabalho excedente, fazendo crescer a magnitude do trabalho não pago. A mais-valia assim alcançada chama-se mais-valia relativa.

Aqui também, como aconteceu com a mais-valia absoluta, pode-se perceber que a mais-valia relativa já está suposta no conceito mesmo de mais-valia, porque esta, a rigor, já é resultado do desenvolvimento histórico das forças produtivas, pois foi este que possibilitou a existência do tempo de trabalho excedente. Assim, em termos lógicos e históricos, podemos afirmar que os efeitos da mais-valia relativa até antecedem os da mais-valia absoluta, pois não poderia haver extensão da jornada (para além do tempo de trabalho necessário) se o desenvolvimento das forças produtivas não permitisse a produção do excedente que lhe viabiliza. Em resumo, há, pois, dois pressupostos para a ocorrência da mais-valia: 1) o desenvolvimento constante das forças produtivas permite a produção de um valor excedente; 2) a jornada de trabalho não se detém no tempo de trabalho necessário, estendendo para além desse tempo. No primeiro caso, a mais-valia relativa, no segundo, a mais-valia absoluta.

Observe-se que só se verifica a possibilidade da mais-valia relativa quando a queda de valor alcança as mercadorias que compõem a força de trabalho, de modo que a diminuição de seu valor faça com que diminua o tempo de trabalho necessário para reproduzi-la. Não é correto, portanto, dizer que determinado empresário auferiu mais-valia relativa apenas por ter conseguido um alto desenvolvimento tecnológico em sua empresa ou unidade produtiva. Como vimos no capítulo 7, o que compõe, socialmente, o valor das mercadorias, em especial da mercadoria força de trabalho, é o tempo de trabalho médio socialmente necessário, não o tempo de trabalho de uma ou outra unidade produtiva. Além disso, se está em foco a força de trabalho, é preciso que caia o valor das mercadorias que a compõem. Só assim se tem uma diminuição do trabalho necessário para reproduzi-la, provocando, pois, o crescimento do tempo de trabalho excedente, e resultando na mais-valia relativa.

Esse processo não se confunde, portanto, com a chamada mais-valia extraordinária, que ocorre precisamente quando um ou mais produtores capitalistas conseguem sucessos pontuais em suas iniciativas de aumentar o valor excedente, sem, porém, diminuir o valor da força de trabalho. Isso ocorre quando o êxito na inclusão de inovações tecnológicas ou na racionalização do trabalho e da gestão de determinada unidade produtiva permite a produção de uma maior quantidade de peças, mantendo o tamanho da jornada de trabalho. Isso provoca um custo menor de cada peça, pois permite o rateio do valor despendido para um número maior de peças. O valor de cada peça, entretanto, continua o mesmo, porque não houve mudança no tempo médio socialmente necessário para produzi-la. A vantagem de tal produtor consiste, portanto, na diferença entre o custo que conseguiu e o valor pelo qual pode vender. Mas, enquanto o desenvolvimento das forças produtivas conseguido pontualmente não se generaliza a ponto de influir sistemicamente no valor da força de trabalho, não se pode falar em mais-valia relativa, mas sim em mais-valia extraordinária.

Verbetes do glossário citados no capítulo 11:
Exploração, Força de trabalho, Forças produtivas, Mais-valia, Mais-valia absoluta, Mais-valia extraordinária, Mais-valia relativa, Mercadoria, Objeto, Tempo de trabalho excedente, Tempo de trabalho médio socialmente necessário, Tempo de trabalho necessário, Trabalho, Trabalho excedente, Trabalho necessário, Valor, Valor excedente.

capítulo 12

a forma dinheiro do valor

Como vimos no capítulo 5, o valor de uma mercadoria só se manifesta em outra mercadoria, considerada valor de troca da primeira. Hoje, a mercadoria por excelência em que os valores são expressos é o dinheiro. Antes de tudo, o dinheiro surgiu para facilitar as trocas. Mas não surgiu de uma hora para outra. Tem uma história de muitos milênios até atingir sua forma atual. Para reportar, mesmo que superficialmente a essa história, é preciso considerar as outras formas pelas quais o valor pode se apresentar, sendo o dinheiro sua forma mais desenvolvida.

A forma simples de valor

Consideremos inicialmente a forma mais simples de relação entre duas mercadorias. Uma mesa vale quatro garrafas de vinho. A mercadoria mesa tem seu valor expresso na mercadoria vinho. Esta é a chamada forma simples, singular ou fortuita do valor. Distingue-se aí, de um lado, a mercadoria cujo valor é expresso e que se apresenta sob a forma relativa do valor; de outro, a mercadoria que expressa o valor da primeira, e que se apresenta sob a forma equivalente de valor.

Nesse exemplo, dizemos que uma mesa, mercadoria cujo valor é expresso, constitui *forma relativa* do valor: o valor de uma mercadoria só pode ser expresso *relativamente* a outra mercadoria, por isso se diz valor *relativo*. Ao mesmo tempo, quatro garrafas de vinho, mercadoria por meio da qual se expressa o valor, constitui a *forma equivalente* do valor: essa outra mercadoria se contrapõe à primeira, como sua *equivalente*; ela apenas empresta seu corpo para expressar o valor da primeira.

Essa forma simples de expressar-se o valor apresenta algumas peculiaridades que vale a pena ressaltar. Em primeiro lugar, verifica-se que o valor de uso (quatro garrafas de vinho) é expressão de seu contrário, o valor (de uma mesa). Constatamos, em seguida, que o trabalho concreto, materializado em quatro garrafas de vinho (valor equivalente) é a forma de expressão de seu contrário, o trabalho humano abstrato, incorporado na mesa (valor relativo). Finalmente, o trabalho privado, que produziu quatro garrafas de vinho, funciona como forma de expressão de seu contrário, o trabalho diretamente social, presente no valor da mesa. Podemos dizer, em resumo, que a forma simples do valor de uma mercadoria, que se manifesta na troca direta de um produto por outro, é a forma básica de expressar-se a oposição entre valor de uso e valor.

A forma total ou extensiva de valor

A segunda forma de manifestação do valor é a forma total ou extensiva, que, em certo sentido, já se pode entrever no confronto entre duas mercadorias singulares. Como vimos no capítulo 5, cada mercadoria pode trocar--se por qualquer outra, de tal modo que uma mesa, por exemplo, pode trocar-se por quatro garrafas de vinho, mas pode trocar-se também por 20 quilos de batatas ou por duas gravatas, ou por três ingressos no teatro ou por etc., etc. O produtor de mesa, ao abrir mão de sua mercadoria (que para ele é um não valor de uso), o faz em benefício do acesso ao valor de uso configurado nas quatro garrafas de vinho. E só pode fazê-lo porque o valor dessa mercadoria (quatro garrafas de vinho) é equivalente ao valor da mercadoria que ele oferece (uma mesa). Mas essa relação simples entre mercadorias pode multiplicar-se indefinidamente, de modo que o valor da mesa não se reflete apenas nas quatro garrafas de vinho, mas tem sua expressão multiplicada por quantas relações simples com outras mercadorias ela estabelecer. E é bom que assim seja, porque o produtor de mesas não vive apenas de vinho e certamente pretende ter acesso a outros valores de uso, valendo-se do valor contido na mesa que produz para trocá-la por outras mercadorias que se apresentam como valores equivalentes dela. Essa multiplicidade de valores equivalentes de uma mesma mercadoria é que constitui a forma extensiva ou total do valor.

É fácil perceber que, nesse período histórico – em que os produtores de mercadorias só podiam contar com essa forma extensiva ou total do valor –, não era possível ainda a generalização das trocas como vemos hoje, quando já contamos com a forma dinheiro. Antes ainda, no domínio da troca simples, se se quisesse trocar, por exemplo, um par de sandálias de couro por uma arroba de trigo, o produtor de sandálias precisaria deparar-se com um produtor de trigo que estivesse interessado em sandálias, e, mais do que isso, em sandálias do tipo e tamanho oferecidas pelo primeiro, o que – por menos sofisticados e exigentes que fossem os ditames da moda nessa sociedade hipotética – era muito difícil. Se o produtor de trigo não estivesse interessado em sandálias, mas em tecido, por exemplo, caberia, então, ao produtor

12 a forma dinheiro do valor

de sandálias trocar sua mercadoria primeiro por tecido, para poder oferecê-lo em troca do trigo. Isso envolveria certamente sucessivas trocas de equivalentes com outros possuidores de mercadorias, só possível no âmbito da forma expandida do valor. Mas mesmo aí as trocas ainda estavam muito longe de se generalizarem, tendo que se limitar a uma espécie de multiplicação das trocas simples entre produtores de mercadorias, aproveitando a cada vez maior difusão das feiras periódicas ou fixas em que as pessoas praticavam o escambo para terem acesso aos valores de uso umas das outras. Já se pode, aqui, perceber nitidamente o papel do valor das mercadorias na regulação das trocas. Em primeiro lugar, verifica-se, com clareza, o caráter universal da substância que permite a equivalência de valores das mercadorias. No exemplo dado, o valor presente em uma arroba de trigo, que permitiria sua equivalência com um par de sandálias, é da mesma substância (trabalho abstrato) do valor de tantas outras mercadorias às quais a mercadoria sandálias, em princípio, poderia ser trocada para que seu produtor conseguisse (mediante trocas sucessivas) ter acesso à mercadoria trigo. Não é, portanto, uma relação fortuita e meramente pessoal entre dois proprietários de mercadorias que leva à equivalência entre elas e à possibilidade de uma troca justa, mas uma relação de troca regida pela equivalência dos valores contidos nos produtos trocados.

Em segundo lugar, pode-se verificar, ao mesmo tempo, que é a magnitude do valor da mercadoria que regula a troca, e não o inverso. Nosso produtor de sandálias, ao ver frustrada sua intenção de trocar seu produto diretamente por trigo, pode buscar no mercado o tecido, para oferecê-lo ao produtor de trigo e, enfim, ter acesso ao valor de uso que deseja, mas tem de ter presente a magnitude de valor de cada uma das mercadorias em questão.

Se abstrairmos, para abreviar, as múltiplas trocas que ele deve fazer para conseguir tal intento e supusermos que consiga de imediato um produtor de tecido interessado em suas sandálias, é a mesma grandeza do valor contida em um par de sandálias e uma arroba de trigo que deve estar contida na quantidade de tecido (digamos, 10 jardas) e que se prestará a, finalmente, trocar-se pelo trigo.

A forma geral de valor

A terceira forma de manifestação do valor é a chamada forma geral, em que determinada mercadoria se destaca como equivalente de todas as demais. Trata-se de um enorme passo para a generalização das trocas. Já não se trata do confronto entre mercadorias singulares, em que cada uma busca um equivalente cujo valor de uso será imediatamente consumido, mas um equivalente que, por sua aceitação geral, sirva como meio de troca para acessar outros valores de uso. O raciocínio a ser feito aqui é o inverso do da forma anterior. Lá tínhamos uma mercadoria *A*, com múltiplos valores de troca equivalentes, *B*, *C*, *D*, *E*, etc.; aqui, temos múltiplas mercadorias, *A*, *B*, *C*, *D*, *E*, etc. que adotam como valor de troca equivalente a mercadoria *X*. A candidata a equivalente geral usualmente é a mercadoria mais frequentemente produzida e comercializada numa dada sociedade. Historicamente, gado e sal, por exemplo, já foram mercadorias utilizadas como equivalentes gerais, a ponto de deixarem impressas suas marcas em nosso vocabulário econômico. Pecuniário vem de *pecus*, que em latim quer dizer gado, e salário se origina do sal com que se pagavam os trabalhadores.

Ao funcionar como valor de troca geral, essa mercadoria, além de seu valor de uso original, adquire um novo valor de uso, o de servir de meio de troca. Constitui a primeira forma histórica de moeda na função de servir de meio de troca. É a chamada moeda-mercadoria. Numa sociedade em que o sal seja a mercadoria equivalente geral, por exemplo, já não se busca a troca com o sal apenas para usufruir de sua função de tempero culinário, mas para utilizá-lo como moeda, na troca com outras mercadorias de consumo imediato, como arroz e feijão, por exemplo.

A forma dinheiro de valor

A quarta forma ou a forma dinheiro do valor consistirá na superação dessa forma de equivalente geral. É certo que, no decorrer da História, surgiram os mais variados produtos como equivalentes gerais para facilitar as trocas, mas a maioria apresentava inconvenientes que precisariam ser superados. Um boi, por exemplo, não era tão facilmente transportável, nem divisível homogeneamente para se trocar por produtos de valores menores. Para superar esses e outros problemas da forma geral de valor, era preciso um equivalente geral que, além de divisível e portátil, fosse imperecível, homogêneo e estável. Os candidatos naturais eram os metais preciosos, especialmente o ouro e a prata. Estes, por encerrarem enorme magnitude de valor em porções pequenas – por possuírem bastante trabalho incorporado –, são fáceis de serem transportados e apresentam todas as vantagens que outros produtos não podem oferecer: divisibilidade, maleabilidade, homogeneidade e perenidade.

Em seus inícios, portanto, o dinheiro tem a forma e a constituição de um objeto físico. As pessoas utilizavam pedaços ou barras de ouro ou prata como dinheiro, que

12 a forma dinheiro do valor

era medido pelo peso desses materiais. Se se dizia, por exemplo, que uma arroba de trigo valia duas onças de ouro, era ao ouro físico, com o peso de duas onças, que se estava referindo. Observe-se que esse dinheiro (ouro) tem um valor de uso intrínseco (servir como liga na feitura de anéis, colares, etc.), ao qual se lhe acrescentou um valor de uso que é extrínseco à sua forma e corporeidade (servir como meio de troca).

Com o fim de superar a dificuldade de se fracionar e pesar o metal a cada nova transação, com o passar do tempo, vão sendo cunhadas as moedas, que trazem estampado seu peso. Em muitos casos essas denominações de peso serão mantidas, mesmo depois que o dinheiro perde esse seu substrato material de metal precioso e passa a se conter nos limites de uma cédula de papel ou de uma moeda de metal ordinário. Uma libra (peso) de prata, por exemplo, passa a chamar-se uma libra (moeda).

Um problema que se sobressaía nesse período dizia respeito à segurança patrimonial. Ao ter de transportar quantidades maiores desse dinheiro na forma de barras e moedas de ouro ou prata, era preciso aplicar em segurança e formar às vezes pequenos exércitos para proteger esses valores de assaltantes e bandos armados que atacavam as pessoas no curso das viagens. A solução

121

dessa dificuldade estará relacionada com o surgimento dos bancos. Alguém se dispunha a prestar serviços de segurança, encerrando esses metais em cofres, guardados por soldados devidamente armados e treinados para melhor defender o patrimônio. Em troca dos que confiassem a ele seu metal precioso, ele oferecia certificados que garantiam esses "depósitos", na forma de letras de câmbio ou notas promissórias. Isso era bastante cômodo para os depositantes que, em vez de carregarem dinheiro vivo (ouro), utilizavam esses certificados nas trocas de mercadorias. Quem os recebia também tinha a garantia de que, no momento que quisesse, poderia trocar esses documentos por ouro, resgatando-o na loja do depositário.

Com o passar do tempo, e com o desenvolvimento do sistema bancário, esses certificados foram se descolando de sua base física de ouro ou prata. O banqueiro (inicialmente o próprio ourives) que ficava com a guarda do metal precioso emprestava parte desse valor a terceiros, passando às mãos destes, não o metal fisicamente, mas outros certificados, a serem posteriormente resgatados. Assim, uma mesma porção de metal precioso era duplamente representada pelos certificados por ele emitidos. Se os dois proprietários aparecessem para resgatar integralmente seu patrimônio ao mesmo tempo, seu depositário não teria como honrar o compromisso. Todavia, o crescente dinamismo do mercado, com o constante desenvolvimento econômico e social e a persistente multiplicação das trocas, tornava essa probabilidade muito remota. Ambos os proprietários de metal precioso teriam, em pouco tempo, passado a outros seus certificados, de modo que uma corrida de todos ao mesmo tempo a exigir seu metal precioso seria muito improvável. Algo semelhante acontece ainda hoje. Se todos ou uma parte considerável dos correntistas de um banco resolverem sacar seus depósitos ao mesmo tempo, o banco, por mais poderoso que seja, irá à insolvência imediatamente. Mas não temos visto isso acontecer com frequência.

O importante a reter desse processo de descolamento do dinheiro (no caso, os certificados de propriedade de ouro ou prata) de sua base física é que, com isso, o dinheiro (mercadoria equivalente universal) acaba por perder seu valor de uso intrínseco, para ficar apenas com seu valor de uso adquirido, o de servir de meio de troca. Isso fica mais nítido com o aparecimento da moeda de papel, cujo desenvolvimento corre paralelo e, em certo sentido, é uma evolução desse processo a que acabamos de nos referir. Com o desenvolvimento do Estado, este toma para si a função de cunhar moedas, no início moedas de ouro e prata. Mas estas, além de terem o inconveniente de se desgastarem com o uso e, por isso, diminuírem seu valor (já que valiam o peso que traziam estampado), eram vítimas de fraudes por pessoas que adulteravam o metal precioso, substituindo-o por outros materiais menos valiosos. Isso desaparece com a substituição por moedas de metal comum ou por notas de papel, que funcionam, no início, como verdadeiros certificados que buscam garantir a seus portadores seu valor correspondente em ouro ou prata, depositados em algum lugar para quando quiserem fazer uso dele. É interessante observar que até meados da década de 1960, o dinheiro brasileiro trazia registrado por escrito algo que denunciava essa origem histórica das cédulas. Na nota de 2 cruzeiros, por exemplo, lia-se: "No Tesouro Nacional se pagará ao portador desta a quantia de 2 cruzeiros – Valor Recebido".

Entretanto, com o correr do tempo e a dinâmica do mercado, essa vinculação com metais preciosos vai se desvanecendo cada vez mais, de modo análogo ao que ocorreu com os certificados patrimoniais. Nos dias de hoje, o dinheiro, em cédulas de papel ou em moedas de metal comum, como mercadoria por excelência no capitalismo, continua desempenhando esse importantíssimo papel de representante de valor – tenha ou não vinculação direta com ouro ou prata para repô-lo. Em

Dinheiro, a forma enigmática e misteriosa em que se transforma o esforço do trabalho. Sem ir além de sua aparência não é possível compreender o drama da humanidade sob o domínio do capital.

o capital para educadores

suas várias formas sociais de capital, meio de compra e venda, reserva de valor, ou salário, o dinheiro exerce uma função tão determinante na circulação da riqueza, sem a qual seria inviável a vida na sociedade do capital.

Verbetes do glossário citados no capítulo 12:
Capital, Dinheiro, História, Mercadoria, Objeto, Privado, Riqueza, Trabalho, Trabalho abstrato, Trabalho concreto, Valor, Valor de troca, Valor de uso.

capítulo 13

impostos, estado mínimo e partilha do butim

13 impostos, estado mínimo e partilha do butim

Parece não haver nada mais assentado no senso comum do que a crença de que os impostos aumentam o **valor** dos bens e serviços produzidos pelo **capital**, com a ilusão de que, tirada ou diminuída a carga tributária, os preços das **mercadorias** seriam reduzidos na mesma medida. Todavia, basta uma análise mais acurada para perceber que não é bem assim [Neba].

O tema tem a ver com as considerações que se podem fazer a respeito da divisão da **mais-valia**. O **valor excedente** auferido na produção, por meio da **exploração** da **força de trabalho**, não permanece integralmente nas mãos do capitalista. É pertinente, por isso, verificar, ainda que brevemente, como se dá essa distribuição de mais-valia, ou, em linguagem mais direta, como se processa a partilha do butim.

Falemos inicialmente sobre o comerciante, aquele que possibilita o acesso direto da população em geral aos bens e serviços resultantes da produção capitalista. A ele deve ser oferecido algum benefício para que se disponha a realizar este mister. O ganho vem na forma de um desconto no valor que ele paga pelas mercadorias a serem vendidas. Não acontece, portanto – como muitos acreditam e como aparenta ser a uma visão ingênua –, de o comerciante comprar a mercadoria por um valor e acrescentar a este o montante que pretende como lucro. O que acontece em termos de análise teórica é precisamente o contrário: a base para cálculo toma o preço final do produto, não o que é pago pelo comerciante ao produtor. Vejamos por quê.

Todo o raciocínio desenvolvido até aqui para elucidar a teoria científica do valor assume que o tempo de trabalho médio socialmente necessário é determinado, em termos sociais, pela concorrência que se estabelece entre os que oferecem determinada mercadoria, diante da disposição dos compradores de optarem pela oferta que lhes é mais vantajosa. É aí que os produtores concorrem entre si no oferecimento de determinado valor de uso, que é buscado pelos consumidores ao preço que lhes for mais em conta. É esse valor que é publicizado e levado ao conhecimento de toda a sociedade de compradores

13 impostos, estado mínimo e partilha do butim

potenciais e de competidores que oferecem produtos de igual valor de uso. É nesse valor, portanto, que é aplicado o desconto que permitirá ao comerciante colocar o produto no mercado, participando assim da partilha da mais-valia.

É claro que, na prática corrente, nem o capitalista nem o comerciante costumam ter consciência disso. O primeiro continua acreditando que vende pelo preço de custo e o segundo que vende com um acréscimo para salvar o seu lucro. Acontece que, em geral, nenhum deles entende nada de teoria científica do valor, não podendo, portanto, ao se manterem no âmbito do senso comum, apreender a análise que aqui fazemos.

Mas o comerciante não é o único agente a se apropriar de um pedaço da mais-valia. Há ainda outros a serem remunerados. Por exemplo, as despesas com publicidade, hoje quase imprescindíveis para vencer a concorrência e para a criação de necessidades nos clientes potenciais. Também o pagamento de juros por empréstimos tomados junto aos bancos e ao sistema financeiro em geral, que, assim, participam da exploração de forma indireta, sendo contemplados na partilha da mais-valia. Há ainda outra parcela, completamente ignorada pelos liberais que tratam de economia: o *quantum* reservado à corrupção para compra de influência junto a políticos, pagamento de propinas, organização e financiamento de *lobbies* no Congresso, espionagens, conluios para vencer licitações junto ao Estado, gastos com trustes e despesas para derrotar ou aniquilar eventuais concorrentes, sem contar os financiamentos de guerras, guerrilhas, invasões, milícias e golpes de Estado, e outras amenidades tão ao gosto do grande capital, para proteger e incrementar seus mercados, seus poderes e os de seus aliados.

Nessa rápida passagem pelas partes em que é dividida a mais-valia, não podemos deixar de destacar a parcela de maior importância daí extraída, que são os impostos, termo utilizado aqui em seu sentido mais geral de tributos de qualquer natureza recolhidos pelo Estado. Sua relevância jamais poderá ser exagerada, se considerarmos que são eles que tornam possível a existência e o funcionamento do Estado.

E, já de saída, nos deparamos com uma contradição: o mesmo imposto que é imprescindível para o Estado corrigir, pelo menos precariamente, as mazelas do capitalismo, oferecendo saúde, educação, justiça, segurança, às imensas camadas trabalhadoras exploradas pelo capital, é aquele que garante a esse mesmo Estado conservar a ordem política, econômica, jurídica e social vigente, que favorece a dominação do capital. É em parte devido a isso que os neoliberais, mesmo vociferando contra o Estado, não podem abrir mão de um mínimo da ação deste para garantir, por um lado, a ideologia, a ação política e as forças da ordem, por outro, um mínimo de atenção à população pobre, vítima do injusto sistema socioeconômico, de modo que não se extinga por completo a fonte de força de trabalho disponível para o trabalho forçado. Os donos do capital, ao mesmo tempo que lutam por menos verbas para as políticas sociais – para sobrar mais dinheiro para o fomento de seus empreendimentos econômicos e para a corrupção – lutam também para a diminuição dos impostos, de modo a apoderar-se de um naco maior da mais-valia.

Nesse esforço por abrir mão ao mínimo da mais--valia a que acha que tem direito, o capital faz tudo para estigmatizar os impostos. Como se estes fossem o bicho-papão responsável pela alta dos preços e obstáculo para o crescimento econômico. Isso absolutamente não é verdade. Os impostos nada mais são do que parte da mais-valia expropriada do trabalhador. Como tal, constitui riqueza produzida por este. Assim, os impostos não saem de nenhum esforço ou atividade laboral do capitalista – que se acha seu dono legítimo –, mas do suor dos trabalhadores. Todo imposto que o Estado recebe do capital foi antes trabalho não pago realizado pelo trabalhador. Toda riqueza foi produzida por mãos humildes, muitas vezes pelas mãos de bolsomínions que, mantidos intencionalmente na ignorância, clamam por ditadura contra eles mesmos e contra a massa de trabalhadores da sociedade que, com eles, comungam da condição de pseudocidadãos.

Os impostos nada mais são do que parte da mais-valia expropriada do trabalhor. Como tal, constitui riqueza produzida por este.

É preciso, pois, denunciar a perversidade da lógica capitalista disseminada especialmente na grande mídia, que procura sempre anatematizar o Estado que, à parte a corrupção suscitada pelos próprios empresários em sua ganância por mais lucro, é também quem, com seus gastos, possibilita a existência de uma sociedade pelo menos parcamente civilizada.

Algumas medidas chegam a ser patéticas, como a que procura "denunciar" a ganância do Estado em se apropriar do dinheiro do cidadão, fazendo constar o montante de impostos nas operações de venda a varejo. Na verdade, se presta a iludir a população com a falsa ideia de que sua contribuição para o Estado e para a sociedade se reduz àquela parcela hipocritamente exibida nos tíquetes e notas fiscais de lojas e supermercados, sem atinar para a verdade de que aquele dinheiro só está ali porque foi produzido antes pelo trabalhador, e que, não só essa parcela, mas toda a riqueza, advém de seu trabalho.

Daí a importância de se divulgar a teoria científica do valor explicitada no texto de *O capital*, de Karl Marx. O cidadão comum precisa saber como se produz a vida em sociedade e o que causa a injusta opulência e conforto de uma minúscula minoria e o desconforto e a escassez da imensa massa de indivíduos que constrói este mundo. Certamente esse conhecimento contribuirá para o trabalhador saber que todo valor que constrói este país é produto de seu suor, de seu esforço e de suas abnegações no trabalho do dia a dia. A contribuição do capitalista consiste apenas em administrar o fruto da expropriação das riquezas produzidas por todos os oprimidos no decorrer da História.

135

o capital para educadores

Verbetes do glossário citados no capítulo 13:

Bolsomínion, Capital, Dinheiro, Educação, Exploração, Força de trabalho, História, Ideologia, Lucro, Mais-valia, Mais-valia [partilha da], Mercadoria, Poder, Política, Riqueza, Tempo de trabalho médio socialmente necessário, Trabalho, Trabalho forçado, Valor, Valor de uso, Valor excedente.

capítulo 14

"o liberalismo econômico é a favor da liberdade humana"

14 "o liberalismo econômico é a favor da liberdade humana"

Os chamados liberais, como apologistas do sistema capitalista de produção, não se cansam de sustentar que sua concepção de sociedade é a mais adequada à liberdade do gênero humano, porque é a que garante a independência das pessoas para se relacionarem – com o mínimo de constrangimento por parte do Estado na vida privada de cada um. Na verdade, não é bem assim [Neba].

A palavra "liberal" deriva do latim *liber*, que quer dizer "livre", mas este é um caso típico em que o vocábulo derivado nada retém de sua origem – antes, só faz contradizê-la, se assumirmos a liberdade em seu sentido humano-histórico. Voltemos a esse conceito, apresentado no capítulo 9. Dizíamos aí que ser livre é ter poder de opção. A liberdade é o oposto da necessidade.

139

Esta vigora no domínio da Natureza, é tudo aquilo que acontece *necessariamente*, independentemente da vontade e da ação de um sujeito. A liberdade não é natural, é histórica. É algo produzido intencionalmente pelo homem. E este o faz por meio do trabalho. Liberdade não se dá, liberdade não se recebe, *liberdade também não se conquista*: liberdade se constrói – pelo trabalho.

Observe que, quando falamos do humano-histórico, estamos falando de um ser que não existe no singular, mas que, como ser social, só pode ser pensado na pluralidade da espécie humana. É por isso que "liberdade também não se conquista" – se se entender "conquistar" no sentido de "arrebatar ao outro" –, porque a liberdade "conquistada" se faz à custa da liberdade alheia, sendo, pois, uma "liberdade" unilateral, que não pode aplicar-se ao humano-histórico em sua integridade.

Pois bem, o conceito de liberdade adotado pelo liberalismo não tem nada a ver com essa visão humano-histórica de liberdade. O erro básico dessa forma de "liberdade" é que ela não favorece o *gênero* humano, mas apenas *alguns* humanos, precisamente aqueles que chegaram antes, historicamente, no assalto aos meios de produção, apoderando-se deles pela força e utilizando-os, agora, por meio do assalariamento capitalista, para ter a massa da população sob seu poder.

14 "o liberalismo econômico é a favor da liberdade humana"

O liberalismo (ou o neoliberalismo, se você preferir sua forma mais moderninha e mais mistificadora) concentra todas as mentiras a respeito do mérito do rico, da origem de esforço pessoal dos que hoje detêm a riqueza, quando a História mostra que, regra geral, foi tudo fruto de força, prepotência, oportunismo e violência contra os mais fracos. Tudo isso desautoriza a atual onda cínica e mistificadora a respeito da meritocracia, segundo a qual, para os oprimidos vencerem na vida, basta serem empreendedores e se esforçarem como fizeram eles, os "meritórios" exploradores.

Em última instância, para o liberalismo econômico, a liberdade significa licença para comprar e vender. Por isso, no capitalismo, os valores de uso só se movem na base da troca de equivalentes de valores. Se, num mesmo país, houver fome e inanição em determinada região, apesar de abundância de alimentos em outra, não havendo, na primeira, valor equivalente para a troca, seus habitantes irremediavelmente morrerão de fome, enquanto, na segunda, os alimentos apodrecerão, serão exportados, ou então destruídos, para provocar a alta dos preços. As leis da concorrência não são leis humano-históricas. Elas favorecem a competição: cada um busca sua vantagem individual, o que pode ser legítimo, mas não favorece, necessariamente, o bem coletivo. Por isso, para haver a verdadeira liberdade, os homens precisam se organizar em sociedades históricas, adotando leis que, pautadas na justiça (ética, histórica), se ponham acima da competição (selvagem, natural). No caso de uma sociedade organizada (planejada de acordo com interesses coletivos), o que determinaria o movimento dos bens não seria seu valor econômico (que precisa de um equivalente para com ele trocar-se). Não seria, portanto, uma lei natural, mas uma vontade emanada da necessidade de prover todos os que precisam desses bens para viver.

O modo de produção capitalista se proclama radicalmente pautado na troca justa de equivalentes. Para ele – fundamentado no liberalismo econômico – o que deve prevalecer é a troca de mercadorias. Cada um tem seu produto para vender e tem o direito de buscar o melhor preço, sem qualquer constrangimento legal. O Estado deve existir apenas para garantir a ordem e permitir o desenvolvimento do capital, e um crescimento econômico que o favoreça. Para o liberalismo econômico, a riqueza da sociedade é resultado dos três "fatores" de produção: a terra, o trabalho e o capital. Para essa ideologia, o valor produzido é resultado desses três "fatores", que são remunerados de acordo com sua participação.

Já vimos no capítulo 4 que isso é um deslavado engodo, porque o único "fator" que produz valor novo é

14 "o liberalismo econômico é a favor da liberdade humana"

o trabalho, e este não é pago (capítulo 5), não senhor. O que o capitalista paga é a força de trabalho, que na produção, ou seja, durante o período de *trabalho*, produz um valor muito maior do que o seu, e o excedente gerado é apropriado pelo capital, na forma da mais-valia. Quando tratam de defender seus interesses, os capitalistas em geral costumam camuflar sua defesa do capitalismo – um modo de produção concreto que vive da injustiça social –, enfatizando que se pautam nos princípios do liberalismo. Para o capitalismo é muito útil ter o liberalismo como ideologia. Quantas vezes não presenciamos seus próprios adversários se perderem em críticas ao liberalismo e ao neoliberalismo, mas esquecendo-se de evidenciar que o problema não é apenas uma ideologia, mas a própria realidade concreta, ou seja, o modo de produção e organização da sociedade que o liberalismo defende!

Além de defender o sistema capitalista e "justificar" sua existência, o liberalismo econômico historicamente referenda suas atrocidades. Assim, desde tolerar a pobreza como destino ou como fatalidade em meio à abundância cada vez maior, até defender a supremacia da raça branca para justificar a escravidão negra, está sempre pronto para defender seu patrocinador. Os bandeirantes assassinos que exterminaram massivamente nossos

o capital para educadores

povos indígenas são considerados heróis, por terem se apoderado de uma terra que não era deles; os grandes latifundiários, que grilaram enormes propriedades e hoje têm **poder** econômico para elegerem consideráveis bancadas no Congresso, agora têm o apoio do **liberalismo** para chamar os sem-terra de vagabundos que "invadem" propriedade alheia. Não importa que esses "invasores" sejam seres pertencentes ao mesmo gênero humano. Eles não dispõem de equivalentes em **valor** para ter acesso ao conforto, ao bem-estar, nem sequer ao mínimo de propriedade para viverem dignamente.

Mas, diante da falta de pensamento crítico – que o liberalismo econômico não tem nenhum interesse em promover –, o que se estabelece é uma impressão fragmentada e falsa da realidade, como se a **ideologia** dos grupos dominantes, ou seja o liberalismo econômico, correspondesse à verdade. Essa impressão primária e superficial tende a prevalecer na vida cotidiana e na **política**, sem mover ações de questionamento da realidade e de transformação social. Parece tudo muito natural. E é, de fato, natural, no sentido de que acontece necessariamente, sem a intervenção autônoma, consciente e intencional do **homem**, ou seja, sem que ele se faça **sujeito** da História.

14 "o liberalismo econômico é a favor da liberdade humana"

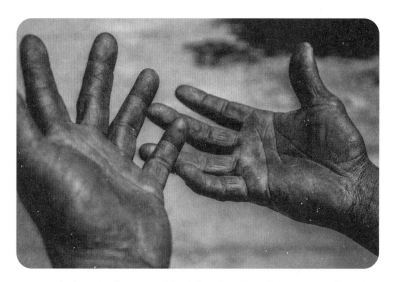

Apesar do inegável avanço histórico do Liberalismo como doutrina social e política, o liberalismo econômico só fica com sua parte podre: a liberdade do rico (capital) explorar o pobre (trabalhador).

Verbetes do glossário citados no capítulo 14:
Capital, Ética, Força de trabalho, História, Homem, Humano-histórico, Ideologia, Liberdade, Mais-valia, Meios de produção, Mercadoria, Modo de produção, Natureza, Necessidade, Poder, Política, Privado, Riqueza, Sujeito, Trabalho, Valor, Valor de uso.

capítulo 15

"o fetichismo da mercadoria é apenas aparência"

NEBA

15 "o fetichismo da mercadoria é apenas aparência"

Uma das teses centrais (e também das mais relevantes e audaciosas) da teoria científica do valor apresentada por Karl Marx é a do fetichismo da mercadoria. Essa expressão, todavia, tem recebido diversas interpretações, a maioria delas sem fazer jus à profundidade e à importância do conceito. A visão mais comum deriva da simples compreensão do que sejam valor de uso e valor de troca. Como vimos no capítulo 5, essas são propriedades de toda mercadoria. O valor de uso diz respeito ao atributo que a mercadoria tem de ser útil, ou seja, de atender a necessidades humanas, e o valor de troca a qualidade dessa mesma mercadoria de ser trocável por outras mercadorias. Atente-se para o fato de que o valor de uso é uma propriedade *intrínseca* à mercadoria (capítulo 5), ou seja, um atributo identificável no corpo mesmo

147

da mercadoria, enquanto o **valor de troca** só aparece quando ela se confronta (no mercado) com outra mercadoria. O **valor de uso** de uma mesa, por exemplo, se consubstancia em sua própria forma de mesa, nas qualidades materiais específicas que ela detém para atender às necessidades humanas *como mesa*. Seu valor de troca, contudo, só aparece quando ela se relaciona com outra mercadoria, e se diz que uma mesa *vale*, por exemplo, quatro garrafas de vinho – ou seu correspondente em **dinheiro**, digamos, 200 reais. Como também sabemos de outros capítulos (capítulos 5, 6 e 7), os infinitos valores de troca possíveis de uma mercadoria expressam, na verdade, cada um deles, o **valor** dessa mercadoria, que é produto de relações sociais próprias, envolvidas na compra e venda da **força de trabalho** e a aplicação (e **exploração**) desta no processo de produção.

Não é assim, todavia, que o senso comum percebe as coisas. Na aparência, o valor de troca (valer quatro garrafas de vinho ou 200 reais, ou etc., no caso de nosso exemplo hipotético) apresenta-se como se fosse uma propriedade intrínseca à própria mercadoria. É como se – da mesma forma que seu valor de uso, configurado por suas propriedades físicas – o valor de troca fosse atributo dela própria, não o resultado de **relações sociais de produção**. Uma coisa inanimada, portanto,

15 "o fetichismo da mercadoria é apenas aparência"

esconde as relações humanas das quais ela é resultado. Nisso, pois, consistiria o fetichismo da mercadoria, metáfora tirada do mundo das crenças, em que um objeto enfeitiçado exibe propriedades humanas. Algo que é resultado da relação entre pessoas aparece como se fosse o resultado de relação entre coisas.

É claro que essa visão, por si só, já traz uma contribuição importante para a compreensão da verdadeira origem do valor, combatendo, assim, a alienação intelectual do senso comum que não percebe a exploração humana por traz do processo de produção de mercadorias sob o capitalismo. Mas esse entendimento não esgota em absoluto toda a riqueza e poder de desvendamento da realidade que encerra o conceito de fetichismo da mercadoria elaborado por Marx. Em primeiro lugar, não se trata *apenas* de uma questão de consciência da realidade. Por isso, a alienação imposta pelo capitalismo não se resolve da mesma maneira que a alienação religiosa, por exemplo. Nesta, o homem cria deus e acaba invertendo a relação, ao tomar esse deus como seu criador. Para livrar-se dessa alienação, basta a tomada de consciência da realidade, por meio da razão e da ciência. No caso do fetichismo da mercadoria, todavia, não basta (embora exija) a consciência da realidade: é preciso transformá-la materialmente.

149

Assim, a negação do fetichismo não pode dar-se apenas pela recusa em aceitar a hipótese de a mercadoria ter uma propriedade intrínseca. É verdade que o valor não é uma propriedade dela mesma, e sim o produto de relações sociais, mas é verdade também, não uma ilusão, que, ao expressar o valor, a mercadoria adquire o poder *real* de mover relações sociais. A teoria científica do valor evidencia que, na sociedade capitalista, não apenas as relações humanas são ocultadas por relações entre coisas, mas o fato mais grave ainda de, nessa sociedade, as relações sociais de produção assumirem elas mesmas a forma de coisas e só se expressarem por meio de coisas.

Para entender esse fenômeno, é preciso compreender os dois processos que o constituem e que se apresentam intimamente relacionados. O primeiro é a "materialização das relações sociais de produção", que pode ser também chamado de "reificação" ou coisificação (do latim, *res*, *rei* = coisa), pois trata-se de uma relação social que se "coisifica". Nesse processo, as relações de produção se materializam em coisas, ou seja, as relações sociais entre capitalistas e operários, por exemplo, conferem às coisas pelas quais elas se estabelecem, suas próprias características sociais.

Na sociedade capitalista a divisão social do trabalho – ou seja, o processo pelo qual a vida é produzida socialmente, cada qual realizando um trabalho que se soma aos demais para compor a vida material de cada um – não se realiza por via da troca direta desses produtos entre seus produtores. O trabalho numa sociedade mercantil não é *diretamente* social. Como já vimos, cada produtor privado, ao produzir para a troca, imprime nesse trabalho um caráter duplamente social (capítulo 7) porque, primeiro, produz uma mercadoria para outrem e, segundo, pretende, com essa mercadoria, ter acesso a outras mercadorias que ele não produz. Mas essas relações sociais não são realizadas diretamente entre pessoas, mas sim por meio das mercadorias por elas produzidas. São estas que se trocam entre si, expressando as relações que nelas se coisificam. Por isso, a exploração da força de trabalho, por exemplo, fica disfarçada sob a aparência da simples venda, compra e usufruto de uma mercadoria.

Como se vê, o fetiche não consiste tão somente numa ilusão. As relações humanas de fato se materializam em coisas, fazendo com que essas coisas assimilem as qualidades inerentes às relações que elas expressam. A mercadoria, assim, adquire uma *forma social*, ocorrendo, com isso, o segundo processo constitutivo do fetichismo da mercadoria, que é a "personificação das coisas". Aqui as coisas adquirem o poder de estabelecer relações entre as pessoas, ocorrendo, como sintetiza Marx, "relações materiais entre pessoas e relações sociais entre coisas". É assim que os seres humanos perdem a condição de sujeito em suas relações, as quais passam a ser regidas cada vez mais integralmente pela troca de mercadorias. Se lembrarmos que o dinheiro é a mercadoria por excelência (capítulo 12), capaz de simbolizar e substituir todas as demais, fica fácil compreender por que o dinheiro passa a comandar tudo na sociedade em que vivemos. Ao generalizar-se o modo de produção capitalista, a reificação das relações entre as pessoas acaba por invadir as mais recônditas esferas da vida individual e coletiva. Mesmo as mais caras relações pessoais como amor, sexo, gosto estético, saúde, amizades, crenças, etc., coisificam-se dando protagonismo à mercadoria dinheiro.

Como, ao "personificar-se", a mercadoria empresta àquele que a possui seu poder de estabelecer as relações, o que vale não é a pessoa, mas o que ela tem e o quanto tem. O poder do grande proprietário, o capitalista, por exemplo, não vem de sua personalidade ou de suas qualidades individuais, mas do valor incorporado em seu capital pelo esforço dos trabalhadores. Não é incomum ocorrer de um indivíduo medíocre e ignorante encher-se de glória e prestígio advindos da posse do

15 "o fetichismo da mercadoria é apenas aparência"

Sob o capitalismo, as mais recônditas relações entre pessoas vão progressivamente deixando de se realizar diretamente por laços de afeto, amizade e respeito humano, para serem comandadas pela fria mercadoria (dinheiro) que busca realizar a ânsia de poder de seus possuidores.

dinheiro, que a ele transfere a **riqueza** e o **poder** resultantes da **exploração** capitalista. Basta subtrair-lhe essa propriedade para que se revele toda sua natural mediocridade e irrelevância.

Para se ter uma ideia aproximada da importância do conceito marxiano de **fetichismo da mercadoria**, basta imaginar qual seria a atitude dos trabalhadores se soubessem que cada gota de seu suor e cada minuto de seu tempo gastos no **trabalho forçado** (capítulo 9) que

153

o *capital* para educadores

realizam contribuem inapelavelmente para aumentar o poder de quem os oprime, tirando proveito de sua condição de não proprietários dos meios de produção (capítulo 2).

Verbetes do glossário citados no capítulo 15:
Alienação, Capital, Dinheiro, Divisão social do trabalho, Exploração, Fetichismo da mercadoria, Força de trabalho, Forma social, Homem, Meios de produção, Mercadoria, Modo de Produção, Objeto, Poder, Privado, Relações sociais de produção, Riqueza, Sujeito, Trabalho, Trabalho forçado, Valor, Valor de troca, Valor de uso.

capítulo 16

para o capital, o trabalho do professor da escola pública é improdutivo

16 para o capital, o trabalho do professor da escola pública é improdutivo

Para examinar esse tema precisamos começar por verificar o que seja **trabalho produtivo**, ou melhor, considerar as várias formas pelas quais um **trabalho** pode ser considerado produtivo. Do ponto de vista do trabalho em geral (capítulo 4), em que pese a inevitável redundância, é produtivo o trabalho que tem como resultado um produto. O conceito mesmo de trabalho em geral – uma atividade adequada a um fim – já indica isso. É, pois, produtivo se logra alcançar esse fim. Nada mais óbvio.

Se o objetivo é produzir um **valor de uso** específico, trabalho produtivo é o que consegue produzir esse valor de uso, seja ele um bem material (uma mesa, por exemplo) ou imaterial (uma sinfonia). Desse ponto de vista, é produtivo o trabalho do professor que logra proporcionar a seu educando a apropriação da **cultura**, formando sua personalidade **humano-histórica**.

Considerado, assim, independentemente das relações sociais a que está subordinado, o trabalho tem uma base essencialmente técnica. Seja do tipo artesanal, seja na forma de um processo industrial moderno, o trabalho para ser produtivo depende da racionalidade e adequação dos procedimentos aos fins que se tem em mente. Sob esse ponto de vista, entretanto, o trabalho docente tem uma peculiaridade que o diferencia radicalmente de outros tipos de trabalho cuja produtividade depende essencialmente de uma base técnica.

Na produção material capitalista, por exemplo, por mais que o trabalho esteja subsumido politicamente ao capital, no momento mesmo do trabalho concreto, os parâmetros que definem sua produtividade são essencialmente técnicos. Como regra social geral, vigora, sem dúvida, o poder *político* do capital sobre o trabalhador, por meio da dominação e da exploração. No chão da fábrica, todavia, sobressai e se impõe a atividade *técnica*, não se registrando nenhum componente político na atividade laboral do trabalhador. Aqui, não obstante a prevalência do fetichismo da mercadoria, não há, a rigor, a configuração de uma relação social, mas uma relação entre homem e coisa, o trabalhador e o objeto de trabalho. Como este não é um sujeito, mas mero objeto, não há nenhuma necessidade de exercício do poder político – seja autoritária, seja democraticamente – para levar o objeto de trabalho a se comportar de acordo com a vontade de quem o transforma. Em outras palavras, o trabalhador não precisa – por meio do que seria uma autêntica ação política – conseguir que o objeto de trabalho permita ou colabore com sua transformação. É essa uma das razões pelas quais esse trabalho pode ser produtivo, mesmo sendo forçado.

Não é a mesma coisa, todavia, quando se trata do trabalho do professor ou da professora. Não que não haja a necessidade técnica para se desenvolver esse trabalho. (Bem ao contrário, é em grande medida pelo não reconhecimento da imprescindibilidade de um exercício fortemente técnico da profissão docente que nosso ensino se encontra em sua lamentável situação de precariedade, refém do amadorismo pedagógico que assola nossas políticas e práticas escolares.) Mas, aqui, o técnico traz uma exigência que o transcende inapelavelmente. É precisamente o cuidado e o rigor com as questões científicas e técnicas que vai revelar como o processo pedagógico não pode jamais reduzir--se ao meramente técnico. Conforme reiteradamente comprovado pelas ciências da Educação, educar-se depende de um ato de vontade de quem *se* educa, na condição, pois, de sujeito, não de objeto. Se o objeto de trabalho, o educando, é necessariamente um **sujeito**, o tratamento que lhe precisa ser dado é radicalmente diverso daquele que se dá a um mero **objeto**. Agora é preciso, sim, obter a concordância do **objeto de trabalho** para que o **trabalho** se dê (para que este seja produtivo). E esse é um ato **político**, ou seja, o professor precisa exercer seu **poder** (levar o outro a agir de acordo com sua vontade), se quiser fazer com que o educando queira aprender (capítulo 18), condição *sine qua non* para que o aprendizado se realize. Como já ressaltei em outro trabalho (*Educação como exercício do poder*), essa condição só se faz presente como resultado de uma ação, não apenas necessariamente política, mas, acima de tudo, necessariamente democrática.

Percebe-se, em conclusão, que, para ser **produtivo** do ponto de vista do **valor de uso** que cabe produzir, o trabalho do professor deve encerrar – no bojo mesmo de uma acurada competência técnico-pedagógica que lhe é própria – o elemento político, propiciador de condições para produzir o **humano-histórico**. Em outras palavras, no trabalho docente, o técnico já contém em si o político (democrático) como seu elemento constitutivo. Esse trabalho, à diferença do trabalho operário típico da produção capitalista, não pode ser um **traba-**

lho forçado, ou seja, sua motivação é o próprio valor de uso produzido, não se reduzindo ao salário que lhe é oferecido como prêmio de consolação.

Observe-se que, além disso, o fazer do professor não tem como resultado uma coisa, um objeto, mas um novo fazer (*Professor: artesão ou operário*). Sua função primordial é provocar (promover) o fazer do aluno, que resulta em sua formação humano-histórica, pela apropriação da cultura. Eis a grandeza do trabalho docente: sua produtividade consiste no exercício de sua humanidade ao concorrer para a construção da humanidade do educando, demonstrando, mais uma vez, que o homem exerce sua humanidade no processo de *fazer* e de *fazer-se*.

Esse conceito de trabalho produtivo do professor, do ponto de vista do valor de uso que ele produz, não tem semelhança nenhuma, todavia, com o conceito de trabalho produtivo do ponto de vista da produção capitalista. O objetivo do capital não é a produção de um valor de uso. Este, embora necessário, é apenas uma mediação para o fim supremo de produzir mais-valia (capítulo 4). Para o capital, portanto, é produtivo o trabalho que produz mais-valia.

Eis a grandeza do trabalho docente: sua produtividade consiste no exercício de sua humanidade ao concorrer para a construção da humanidade do educando.

Dessa perspectiva, portanto, só pode ser produtivo o trabalho do professor da escola privada, em que haja a expectativa do lucro, sendo improdutivo o da escola pública. No primeiro caso, supõe-se que, ao aplicar seu dinheiro na compra da força de trabalho do professor, o proprietário da escola não tem como fim último o valor de uso a ser produzido, mas o acréscimo de valor que irá auferir com a venda desse valor de uso. Nesse caso, o professor produz mais-valia, portanto é considerado trabalhador produtivo que realiza trabalho produtivo. Já no sistema público de ensino, não há a produção de mais-valia, porque aí o dinheiro que remunera a força de trabalho não é aplicado como capital (capítulo 4). Não se espera que o trabalho produza uma mercadoria que será vendida para realizar a expansão do dinheiro aplicado. Não há a produção de valor econômico, nem há, portanto, a produção de valor acrescentado ou mais-valia. Não se realiza, então, trabalho produtivo, e o professor não é trabalhador produtivo.

Não é o trabalho concreto que define a produtividade, mas as relações sociais de produção a que ele está subsumido. Do ponto de vista da produção capitalista, o professor ou professora que exerce sua profissão na escola privada de manhã e na escola pública à tarde, embora realize o mesmíssimo trabalho concreto, de manhã ele é produtivo, à tarde não. No primeiro caso ele *produz* mais-valia (que vai encher o bolso do capitalista); no segundo, ele *consome* mais-valia (produzida na sociedade pelo trabalhador produtivo, que foi apropriada pelo capital, transformou-se em impostos, que o Estado utiliza para pagar o professor). Estranho, não? Tão estranho quanto um sistema irracional de organização econômica, social e política da sociedade chamado capitalismo (capítulo 3).

o *capital* para educadores

Verbetes do glossário citados no capítulo 16:
Capital, Cultura, Dinheiro, Educação, Exploração, Fetichismo da mercadoria, Força de trabalho, Homem, Humano-histórico, Lucro, Mais-valia, Mercadoria, Objeto, Objeto de trabalho, Poder, Político, Privado, Público, Relações sociais de produção, Sujeito, Trabalho, Trabalho concreto, Trabalho forçado, Trabalho produtivo, Valor, Valor de uso.

capítulo 17

público & privado, ciência & fé

17 público & privado, ciência & fé

A onda obscurantista que assola nosso país tem fortes raízes no pensamento religioso, que não tem se contentado em permanecer no espaço privado, do qual nunca deveria sair, para invadir o público de forma catastrófica. Qualquer tentativa de compreensão dessa questão não pode deixar de considerar os conceitos de *público* e de *privado* e de suas interfaces com a *ciência* e com a *fé*. Como já escrevi em outro trabalho, numa democracia, o público e o privado, como instâncias mutuamente determinantes, devem coexistir de modo que um não cerceie a liberdade do outro. O público é o domínio da universalidade de direitos e deveres de cidadãos, responsáveis diante dos demais cidadãos e da sociedade organizada no Estado democrático. O privado é o âmbito da particularidade de indivíduos e grupos com seus interesses e idiossincrasias, e também supõe direitos e deveres garantidos pelo Estado. Sempre que o **poder** público se sobrepõe aos direitos do **privado**, limitando-os, assim como toda vez que o privado agride o domínio do **público**, utilizando-o para interesses particulares, a **democracia** é violada.

Ademais, não há como fugir da constatação do caráter público da ciência por contraposição ao caráter privado da fé religiosa. A verdade científica só se sustenta quando se demonstra *publicamente*, por meio de fatos e argumentos, aquilo que se está afirmando. A crença religiosa, por sua vez, é necessariamente privada, e como tal deve ser respeitada. Se alguém diz acreditar na existência de deus (ou de duendes), isso não precisa ser publicamente provado. Esse indivíduo tem o direito de professar livremente sua fé, sem que se possa exigir dele que forneça evidências científicas (públicas) disso. Tal exigência corresponderia a proibir-lhe de exercer sua crença, já que ninguém consegue provar ou fornecer evidências científicas (públicas) que fundamentem determinada fé religiosa.

Isso não significa que a ciência representa a verdade absoluta em oposição à fé que é sempre falsa. Significa apenas que a ciência é pública, exige provas, que *todos* possam validar ou refutar, independentemente de sua fé. A fé não tem provas, nem precisa delas; quando ela tiver provas ela deixará de ser fé, e passará a ser ciência, verdade, por mais provisória que seja. É por isso que exigir provas no domínio da religião representa intolerância das mais odiosas.

A fé religiosa é privada e não tem provas, nem precisa delas para que seu direito seja reconhecido.

Mas, em igual medida, o direito privado a uma crença não pode de modo nenhum servir de pretexto para violar qualquer direito público. Não se pode, a pretexto de princípios religiosos (privados), advogar a transgressão de princípios públicos que lhes precedem. Assim, se determinado credo religioso estabelece, por exemplo, que a transfusão de sangue é pecado, ou contraria a vontade de deus, esse "preceito" deve, sim, ser preterido quando interfere no direito à vida das pessoas, não podendo o Estado permitir que um pai proíba a transfusão de sangue em seu filho só porque sua religião assim o estabelece. Assim como um cidadão não pode ter direito de espancar ou de violentar seu filho só porque é seu filho (contexto privado), ele também não pode ter o direito de, com pretextos religiosos (privados), usurpar-lhe a chance de viver, já que esse é um direito público que deve ser protegido pelo Estado.

Acontece a mesma invasão do público pelo privado quando se busca ou referendar a ciência a partir de crenças (sem fundamento científico) ou dar *status* de ciência a crenças religiosas (desprovidas de universalidade). É preciso ter presente que deus existe no domínio da crença, mas não no da ciência. A crença deve ser respeitada sempre, desde que não interfira nos direitos do cidadão. Ela não precisa, como vimos, ser provada, porque é algo privado. Mas a realidade é outra coisa. Aqui domina a ciência e esta é pública, só se legitima por meio de exposição à prova, o que a religião não pode fazer.

Como a fé transita no domínio do privado, é uma opção de cada um e não tem necessidade de dar conta de sua "veracidade" ou validade para ser respeitada pelos demais. Por isso nossa Constituição estabelece que não

17 público & privado, ciência & fé

A ciência é pública, exige prova para ser reconhecida. Por isso, não pode coexistir com o obscurantismo religioso.

podemos fazer qualquer discriminação por motivo de fé ou credo religioso. O que cada um de nós, cidadãos, deve fazer é respeitar inapelavelmente o direito de cada um em acreditar naquilo que for de sua escolha. Isso não nos isenta, porém, de levar em conta que, além desse domínio privado, existe um domínio público de direitos e deveres que todos devem respeitar e praticar. Por isso, eu tenho, sim, o direito (e o dever) de denunciar, de criticar (e até de ridicularizar, se for o caso) quando a religião ultrapassa seu domínio privado para, em nome de seus dogmas, avançar sobre o domínio público e cometer suas atrocidades, como faz hoje, por exemplo, o Presidente da República, colocando "deus acima de todos", com o apoio e entusiasmo de mais de 50 milhões de crentes. (E, por favor, não me venha com a alegação de que é ele que é mau, e não os dogmas de sua fé. Se assim fosse, deveríamos culpar Hitler, mas absolver o nazismo.) Fazer essas denúncias não é preconceito religioso, é uso da razão, da ciência, da ética e da tradição democrática.

Verbetes do glossário citados no capítulo 17:
Democracia, Ética, Liberdade, Poder, Privado, Público.

capítulo 18

quebrar a máquina de fazer bolsomínions

18 quebrar a máquina de fazer bolsomínions

Tanto em minha vida pessoal como educador quanto em minha profissão de educador que forma educadores, uma das tarefas mais difíceis tem sido a de convencer professoras, professores, mães e pais a se conduzirem de acordo com princípios pedagógicos que se pautem pela diferença entre autoridade e autoritarismo, liberdade e licença.

Já abordei esses conceitos de forma bem didática em um livro que tomo a liberdade de recomendar enfaticamente: *Educação como exercício do poder: crítica ao senso comum em educação*. Voltemos brevemente a essas noções.

Autoridade como relação é uma ação política, porque envolve a convivência entre sujeitos (isto é, seres que se orientam por sua vontade autônoma). Mas não é (não pode ser) uma ação autoritária.

O *autoritarismo*, em vez disso, consiste no *abuso* da autoridade: um sujeito prevalece sobre o outro, que tem sua subjetividade (condição de sujeito) violada. Na relação de autoridade, em vez disso, dois sujeitos convivem de modo a afirmar a subjetividade de cada um. Faz-se, portanto, uma relação democrática, ou seja, uma convivência entre sujeitos que se afirmam como tais. Como ação política, a autoridade supõe que uma parte tem sucesso em levar a outra a agir de acordo com sua vontade (isto consiste, em seu sentido mais sintético e abstrato, no que chamamos de *poder político*). Na relação de autoridade, entretanto, isso não se dá pela força ou pelo desrespeito à vontade do outro, como no autoritarismo. A autoridade supõe que o outro consente *livremente* em seguir a vontade daquele a quem vê como detentor legítimo de autoridade.

O mais importante é que a autoridade assim entendida é imprescindível para o êxito da ação educativa. Se está pedagogicamente comprovado que o educando só aprende se quiser, então, é condição *sine qua non* do aprendizado que o aprendente aceite o poder que o educador exerce ao ensinar-lhe. Significa que ele tem de ser livre para aceitar o poder, o que redunda, necessariamente, numa relação de autoridade, não de autoritarismo.

O correlato da autoridade é a liberdade. Mas liberdade não se confunde com mera licença para agir e fazer o que lhe vai pela cabeça, sem nenhuma regra social de procedimento. Isto se chama espontaneísmo, pertencente ao domínio da Natureza, não da História. Na Natureza não há liberdade no sentido humano-histórico, porque liberdade não é apenas estar solto, com licença para fazer o que manda seu interesse, seus desejos e instintos, sem levar em consideração os demais seres com quem você convive. Dessa maneira agem os animais, que não dispõem de valores e normas (construídos historicamente) para seguirem. Costumamos dizer que o pássaro é livre para voar. Na verdade, isso significa apenas que ele está solto: o voar dele não se inscreve no domínio da liberdade no sentido humano-histórico que empregamos aqui. Ele não tem poder de opção: ele voa *necessariamente*, *naturalmente*. Livre para voar só o homem, que produziu *historicamente* (a partir de sua vontade e de seu trabalho) essa opção.

Liberdade, pois, não se confunde com licença. Esta, na verdade, constitui um dos correlatos do autoritarismo, porque, a pretexto de deixar o indivíduo "livre" (no sentido natural, espontaneísta), se está, a rigor, reforçando sua condição de não sujeito, de ser preso apenas à Natureza e aos instintos daí herdados. Criar uma criança assim, portanto, não é educá-la, nem é proporcionar-lhe liberdade, antes é fazê-la crescer como simples animalzinho. Fazê-la humana, ou seja, sujeito, é proporcionar-lhe meios de despregar-se o mais possível da necessidade natural. A liberdade é, pois, artificial. Não no sentido pejorativo, mas no sentido de que ela é feita pelo homem, intencional e praticamente (materialmente), ao fazer-se livre (histórico). É, pois, um artifício (uma construção) da História. Liberdade é a transcendência da necessidade, daquilo que *necessariamente* acontece.

Ocorre que também a educação é construção histórica. Os conteúdos e os modos de ensinar se transformam, como consequência do desenvolvimento histórico. Assim como não utilizamos as formas de cuidar da saúde, de nos locomovermos, de nos organizarmos politicamente, etc., vigentes na pré-história, também não faz sentido repetir hoje a pedagogia que se praticava no paleolítico. Mas é mais ou menos isso que acontece quando os adultos de hoje tentam educar ignorando todo o conhecimento científico e a experiência metodológica desenvolvidos no campo da Pedagogia, durante séculos.

Não deixa de ser patética, por exemplo, a situação do adulto que, com a mais legítima intenção, decide renunciar a qualquer tipo de método diretivo, tentando convencer o educando a se portar corretamente por meio apenas de palavras. É nesse momento que a falta de conhecimento pedagógico se apresenta em toda sua dramaticidade. É preciso levar em conta o dado científico de que um adulto se pode levar a querer aprender apenas por argumentos racionais que orientem sua vontade; uma criança, não! Especialmente se for de pouca idade. Em geral, é aqui que está a origem das maiores dificuldades. Uma pessoa desprovida de conhecimentos pedagógicos não sabe disso. Então, diante de uma criança de 3 anos, por exemplo, o adulto leigo trabalha com os dados do senso comum, que se detêm na aparência. Ao perceber que esse menino ou essa menina já domina, pelo menos razoavelmente, o vocabulário do adulto, este põe todo seu esforço em apresentar as normas e condutas que devem ser seguidas, apresentando, inclusive da forma mais afável possível, as razões e argumentos que as justificam. E fica muito desesperado quando a criança, mesmo dizendo que entendeu tudo direitinho, logo em seguida age de modo precisamente contrário.

Na falta de fundamentos pedagógicos para orientar sua ação educativa, muitos acabam por cair nas garras dos charlatães da autoajuda pedagógica, que vicejam hoje na TV, no rádio e nas páginas da Internet, cuja autoridade científica e fonte de conhecimentos é o mais rasteiro senso comum, que eles edulcoram com palavras sedutoras

o capital para educadores

Levar o educando a querer aprender e a fazer-se sujeito é a base do êxito educativo.

e com impostações de voz que fazem tremer de paixão a mais cândida criatura à procura de respaldo para sua ignorância pedagógica. Mas, se isso às vezes funciona como consolo para aplacar o sentimento de culpa e disfarçar a impotência, não serve para resolver a questão educativa. Diante do educando que não obedece, ou seja, diante da incapacidade do educador em exercer a autoridade, este acaba sempre voltando-se para dois correlatos do autoritarismo: a truculência (violência física) e a mera licença. A violência física, por demais óbvia e odiosa, tem merecido considerável (embora insuficiente) condenação na literatura educacional e, por falta de espaço, não será tratada aqui. Vou ater-me ao que às vezes se deixa de reconhecer como igualmente autoritário, que é a mera licença, isto é, aquilo que acontece quando, decidido ao procedimento louvável de não reprimir fisicamente, os adultos resolvem, no entanto, deixar a criança simplesmente fazer tudo o que lhe vem à cabeça.

Aqui, dois temas se sobressaem: a omissão do adulto responsável pela educação da criança (frequentemente implícita no espontaneísmo) e a violência verbal (muito utilizada para tentar remediar a falta de autoridade de quem "educa").

A omissão parece vir sempre associada a certo desleixo por parte do educador ou educadora, que deixam a criança fazer o que quer, sem nenhuma regra de conduta, em nome da liberdade, alegando que o fazem para não repetir (ou para compensar) o que com eles fizeram seus pais e educadores, que os trataram autoritariamente. Talvez não percebam que essa sua conduta é reflexo direto do autoritarismo que elas dizem condenar, e que a diferença é apenas de aparência, não de essência. Se não houver mudança de princípio e aplicação de saber pedagógico, fazer hoje simplesmente o oposto da conduta autoritária de seus pais não resolve absolutamente nada. Estarão fazendo exatamente a mesma coisa, só

o capital para educadores

que mais simpaticamente e talvez com um pouco menos de remorso. Os efeitos continuarão sendo devastadores para a personalidade do educando e para a realização pessoal do educador.

Nessas situações, o que minha prática pedagógica e as pesquisas que tenho realizado me levam a constatar é que muitos adultos, com a (corretíssima) boa intenção de não infligir castigos físicos (por tudo condenáveis e prejudiciais à personalidade do educando em desenvolvimento), mas na falta de orientação pedagógica, acabam por apelar para outro subterfúgio, cujo abuso não me parece menos deletério a uma personalidade em formação: a violência verbal. Esta se manifesta das mais diferentes formas, todas procurando expressar com palavras, mais, ou menos, ríspidas, a censura ao comportamento da criança, por meio de queixa, advertência, chantagem, crítica sarcástica, repreensão, sermão, recriminação, tudo enfim que se pode sintetizar grosseiramente com a palavra bronca.

Às vezes, parece que a relação do adulto com a criança se resume à bronca constante, que nada consegue e que corrói o ego da criança. Chega a ser exasperante presenciar adultos que passam o tempo a repreender e dar broncas em crianças, especialmente crianças pequenas que são as mais inquietas. Diz a sabedoria popular que "bronca é ferramenta de otário". Poucos adágios se aplicam tão bem à realidade como esse. A bronca é o verdadeiro atestado de capitulação de quem fracassou no exercício da autoridade. Em educação, ela é insustentável, por duas razões: é ineficiente para conseguir a obediência que não se conseguiu por outras formas, e é terrível para a formação da personalidade, porque contribui para minar a autoestima da criança e para fazê-la introjetar valores e desenvolver condutas de negação do outro.

Os contumazes praticantes da bronca repetem a insensatez do mito do Gênesis, componente da ideologia judaico-cristã. Um deus insano, que se acha o maioral, não consegue conviver com uma simples transgressão de sua criatura (o primeiro homem), punindo-a autoritariamente, a ela e a toda sua espécie, aplicando-lhe uma bronca ridícula, violentando seu ego e perdendo a própria obra realizada. Otário! Poderia ter entendido melhor a psicologia do homem que ele criou, condescendendo e orientando, com autoridade (não com violência e punição como ele fez), para a perpetuação e constante construção do paraíso na terra (não do arremedo de humanidade culpada e violenta que daí surgiria). Logicamente, é um deus criado por uma civilização arcaica e inculta, com parquíssimos conhecimentos a respeito da natureza humana. No século XXI, pautando-se por princípios de liberdade e democracia construídos historicamente por milhares de anos, não dá para se aceitar esse atraso bíblico. É muito desumano-histórico. Mas é o que infelizmente ainda acontece. Não deve ser por outro motivo que os autoritários de todos os tempos se empenham na desfaçatez de impingir em seu educando, desde a mais tenra idade, essa figura de otário-mor chamado deus para que estes o temam e sigam mandamentos tão atrasados historicamente.

Para o adulto imbuído dessa concepção desde criança, o educando que não obedece a determinações supostamente tão claras e razoáveis como as que ele estabelece é porque é ruim (nasceu com o pecado original), é um ser que precisa ser "civilizado", "domado", para não crescer rebelde, malvado, sem limites. E parece ser a coisa mais difícil do mundo convencer uma pessoa leiga, que não teve acesso a conhecimentos pedagógicos, a compreender a real situação e levá-la em conta em sua prática com crianças de pouca idade. Uma criança deve ser tratada de modo específico, não porque ela nasceu ruim, porque ela seja inferior, menos inteligente ou tenha menos direitos, mas porque ela ainda não consegue captar o mundo como o adulto o faz, embora, aparentemente, ela domine todo o linguajar do adulto.

Para esse educando, não basta a fala racional. Educa-se pela ternura, pela cumplicidade afetiva, pelos gestos, pelo corpo, não adianta reclamar de competências cognitivas que o educando não pode ter ainda, em face do estado de desenvolvimento de sua inteligência. Por isso, não é só injusto, mas também irracional tratá-lo autocraticamente. Mas também não é certo deixar o educando a seu próprio alvitre, sem oferecer-lhe padrões de comportamento. A criança pequena precisa e busca um adulto seguro, com o qual possa conviver, em quem possa confiar, a quem possa imitar. Se você diz que "isso não pode", ela o experimenta, contrariando, desafiando, testando sua paciência (na verdade verificando sua segurança), por meio da desobediência, da birra, do choro. Se você cede e volta atrás em sua determinação, é o desastre: não apenas sua autoridade é arruinada diante da criança, mas também esta se torna mais insegura diante de sua falta de firmeza no agir. Por isso, só diga "isso não pode" quando não pode mesmo. Não gaste esse jargão a toda hora. Aproveite para dizer muitas coisas "que podem" para ganhar sua simpatia e confiança, de tal sorte que quando você diz "não pode" ela perceberá em você a mesma tranquilidade e segurança e, mesmo depois de muita birra e muito choro, adquirirá um comportamento positivo, tornando-se mais segura com sua convivência, e incorporando comportamentos e posturas mais "civilizadas", porque históricas, ou seja, adquiridas no contato social humano, não meros instintos que trouxe desde o nascimento. É esse o caminho para negar a mera licença, cultivando um relacionamento democrático.

Verbetes do glossário citados no capítulo 18:

Bolsomínion, Democracia, Educação, História, Homem, Humano-histórico, Ideologia, Liberdade, Natureza, Necessidade, Poder, Política, Sujeito.

glossário remissivo

Alienação

Alienar-se quer dizer separar-se de algo, transferir a outrem algo que lhe pertence. Em termos de consciência do mundo, quando dizemos que fulano é um alienado, queremos dizer que ele está fora da realidade, separado do conhecimento objetivo desta. Pode-se falar também em alienação religiosa, em que o crente se separa da realidade objetiva para ligar-se a um mundo imaginário, pretensamente sobrenatural, ao qual ele atribui poderes sobre sua própria vida. Em termos de Economia Política, a alienação que interessa sobremodo, e que foi tratada neste livro, especialmente no capítulo 9, é a que se refere à separação, produzida no capitalismo, entre o trabalhador e sua obra, que é provocada, em suma, pela alienação inicial, que separa os trabalhadores dos meios de produção. Essa alienação se configura numa cisão do trabalhador.

189

Isso porque sua produção é, na verdade, uma extensão de si mesmo, que faz parte, assim, de sua própria inteireza como ser humano-histórico; ao ser arrebatada de si pelos proprietários dos meios de produção, isso acaba configurando a verdadeira materialidade da alienação humana. p. 91, 96, 97, 99, 100, 103, 149, 200.

Bolsomínion

Resisti muito a incluir um verbete sobre esse termo no glossário. Mas acabei atendendo à opinião de vários amigos que o consideram uma palavra datada e que, por isso, poderia perder seu poder de explicação com o passar do tempo. Não sou dessa opinião. Uma pitada de realismo me faz acreditar que – da mesma forma que outras desgraças semelhantes, como nazismo ou fascismo – ela veio, infelizmente, para permanecer indefinidamente no imaginário das próximas gerações. Em todo caso, não custa torcer para que nosso país se recupere logo da tragédia que hoje nos assola, de tal forma que, para os leitores do futuro, a palavra bolsomínion precise ser explicada. O termo se compõe de dois elementos: "bolso", forma reduzida de Bolsonaro, nome do atual Presidente da República; e "*minion*", que, em inglês, quer dizer "servo, lacaio", e que faz referência aos personagens com essa denominação que, no filme "Minion", desempenham nesciamente essa condição de

glossário remissivo

serviçal ou de lacaio. São, pois, bolsominions os seguidores (ou asseclas) de Bolsonaro, indivíduo identificado com fins que atentam contra a humanidade, orgulhoso de suas convicções racistas, homofóbicas, machistas, de defesa da violência e da morte, apologista da ditadura e do uso indiscriminado de armas pela população, suspeito do envolvimento com milícias (armadas e digitais) e portador de outras posturas ético-políticas que atentam contra os direitos humanos. Em sentido geral, o vocábulo engloba, assim, todos aqueles que, por crassa ignorância ou por convicta perversidade, apoiam as ideias, princípios e atos do infame mandatário.
p. 134, 174.

Capital
O senso comum identifica capital com dinheiro. O dinheiro, no entanto, nem sempre pode ser considerado capital. Só o será quando estiver relacionado com lucro. Por exemplo, quando você compra um bem ou serviço para seu consumo final, o dinheiro utilizado não é capital, mas mero meio de troca. Quando, todavia, você compra algo com a intenção de revendê-lo por um preço mais alto, ou seja, para obter lucro, aí sim, o dinheiro se torna capital. Mas há pelo menos duas formas de lucro: 1) ele pode advir de uma simples especulação, quando se vende uma merca-

191

o capital para educadores

doria por um preço mais alto do que o pago na compra, *sem que haja mudança em seu valor real*; ou 2) pode ser resultado de *acréscimo do valor real* no intervalo entre a compra e a venda. Esta última é a forma de lucro específica do **modo de produção** capitalista. O proprietário de dinheiro compra mercadorias (**meios de produção** e **força de trabalho**) por um preço, e vende, após o processo de produção, por um preço muito maior, não por mera especulação, mas porque, no processo, a força de trabalho acrescentou novo valor às mercadorias resultantes. No processo de **trabalho**, o valor dos meios de produção (**instrumentos de produção** mais **objetos de trabalho**) são transferidos (pelo trabalhador) para o novo produto sem nenhum acréscimo. Já a força de trabalho impregna o novo produto com seu valor (que é pago pelo capitalista), mas acrescenta também um valor novo (que não é pago e constitui o excedente de seu próprio valor) e que constitui a **mais-valia**.

p. 14, 15, 17, 25, 36, 42, 45, 47, 48, 52, 53, 65, 77, 85, 94, 95, 98, 99, 100, 101, 102, 125, 126, 129, 132, 133, 142, 143, 145, 152, 156, 158, 161, 163, 193, 194, 203, 207, 220, 221, 231, 233, 234, 245, 246, 249.

Capital constante e capital variável

O **capital** aplicado na compra de **meios de produção** (**instrumentos de produção** mais **objetos de trabalho**) sai do processo de produção com o mesmo valor que entrou, ou seja, não gera valor novo. Por isso, é chamado de capital constante (usualmente simbolizado por *c*). Mas o capital aplicado na compra de força de trabalho "dilata-se" no processo de produção capitalista. Por isso é chamado de capital variável (usualmente simbolizado por *v*). p. 54, 192, 195, 237, 238.

Capital industrial, capital financeiro

No senso comum, corre certa mitologia sobre a natureza menos "perversa" do capital industrial – aquele que aplica na indústria, e supostamente correria todos os riscos relacionados ao empreendimento – diante do capital financeiro – aquele dos banqueiros, que emprestam a juros seu capital aguardando o rendimento de braços cruzados. O primeiro seria considerado produtivo, enquanto apenas o segundo seria parasitário. A esse respeito, é bom saber que ambos vivem e progridem à custa da exploração do trabalho alheio. Acontece apenas que o primeiro paga diretamente a força de trabalho e se apropria do valor excedente produzido pelo trabalhador, enquanto o segundo participa da partilha da mais-valia gerada na produção. Simples assim.
p. 220.

Capital primitivo

Quando se fala em capital primitivo, muita gente imagina tratar-se de um **capital** que haveria numa sociedade primitiva, o que absolutamente não é verdade. O "primitivo" da expressão refere-se a "primeiro", "inicial", ou seja, o montante de **dinheiro** necessário para se iniciar a produção na forma capitalista. Historicamente, esse capital primitivo tem a ver com toda a **riqueza** acumulada durante a vigência dos **modos de produção** anteriores, desde as sociedades mais antigas até o modo de produção feudal, em vias de desaparecimento por ocasião da chegada do modo de produção capitalista. À parte as contradições e embates **políticos** e ideológicos, bem como o avançado desenvolvimento das **forças produtivas** materiais, durante o período feudal, foi o considerável acúmulo de riqueza centrada nas mãos de poucos que viabilizou, em termos técnicos, a instalação do modo de produção capitalista. Este tipo de produção exige um considerável montante de dinheiro inicial que possibilite a compra de volume adequado de **meios de produção** e **força de trabalho** e, ao mesmo tempo, propicie ao investidor a manutenção de sua (boa) sobrevivência enquanto aguarda os resultados. Sobre isso, a **ideologia** liberal criou variadas lendas, sem nenhum fundo de verdade, a respeito da parcimônia do burguês no trato com sua riqueza; como se o montante maior de dinheiro do burguês derivasse do fato de ele ser mais esforçado, menos pródigo e gastador, etc., etc. Mas quem conhece um pouco de História sabe que o dinheiro utilizado para impulsionar o estabelecimento inicial do capitalismo é produto fundamentalmente de expropriação anterior, derivada de todo tipo de pilhagem ou violência, mas sempre às custas de trabalho alheio, apenas que sob formas anteriores de exploração. Diferentemente do que muita gente pensa, são principalmente os antigos senhores feudais, e não os "heroicos" pequenos proprietários burgueses que passam a investir sua riqueza na produção capitalista e a dominar as massas de trabalhadores.

Capital variável
V. Capital constante e capital variável.
p. 54, 195, 237, 238.

Composição orgânica do capital
É chamada de composição orgânica do capital a fórmula que expressa a proporção de capital constante em relação ao capital total. Se chamarmos de "c" o capital constante (ou seja, o valor aplicado em meios de produção, portanto, que não varia no processo) e de "v" o capital

195

o capital para educadores

variável (aquele aplicado em força de trabalho, que tem a particularidade de criar valor novo), então, a composição orgânica do capital, "*o*", é a razão entre *c* e *c* + *v*, isto é, *o* = *c/c+v*. Esse conceito é de grande utilidade quando se examina a chamada Lei da tendência decrescente da taxa de lucro do capital, que não foi objeto de estudo deste livro de caráter apenas introdutório ao estudo d'*O capital*.

Cultura

À parte seu significado usual, que a identifica mais com erudição ou com o domínio das artes em geral, o termo cultura é entendido aqui num sentido mais amplo, abarcando tudo que o homem produz historicamente, em sua contraposição à necessidade natural. A Natureza nada cria, tudo aí acontece necessariamente, obedecendo a leis (por isso chamadas) naturais. O homem, ao contrário, movido pela vontade e por meio de sua atividade material e espiritual, trava relações sociais e se põe em contato com a Natureza, criando valores, conhecimentos, informações, crenças, ciência, filosofia, arte, tecnologia, direito, costumes, tudo enfim que o caracteriza como humano-histórico. Tal é o sentido de cultura que utilizamos neste livro.
p. 12, 16, 157, 161, 203, 210, 225.

Democracia

Democracia é a convivência pacífica e livre entre indivíduos e grupos que se afirmam como sujeitos. Como relação política, envolve necessariamente o exercício do poder, mas este entendido, obviamente, não como poder *sobre* (ou *contra*) o outro – pois em tal caso constituiria autoritarismo, que é precisamente o oposto de democracia. A relação democrática supõe o poder *com* o outro, para benefício mútuo das partes envolvidas. O essencial nesse conceito é a afirmação de sujeitos, no exato sentido em que esta palavra foi explicitada neste glossário. Não há, portanto, dominação, mas construção histórica. É por meio da democracia assim entendida que se constrói a liberdade humana, que não seja apenas licença para fazer, mas condições efetivas para ser. A democracia, portanto, precisa ser entendida para além de seu sentido etimológico de governo do povo ou governo da maioria, para incluir todos os mecanismos, procedimentos, esforços e recursos que se utilizam, em termos individuais e coletivos, para promover o entendimento e a convivência social pacífica e cooperativa entre sujeitos históricos.
p. 167, 168, 184, 215, 224, 228, 229, 230, 231.

Dinheiro

Como visto no capítulo 12, o dinheiro é a forma mais desenvolvida do valor. Por isso, é a mercadoria por

excelência no sistema capitalista. Como toda mercadoria, apresenta valor de uso e valor de troca. Seu valor de troca se revela no confronto com todas as demais mercadorias, na condição de valor equivalente universal. Assim, toda mercadoria pode ser convertida em dinheiro para, a seguir, converter-se em mercadoria novamente. Seu valor de uso, nessa função de meio de troca, consiste precisamente na viabilização da circulação das mercadorias. Observe-se que não é um valor de uso intrínseco, advindo de sua forma concreta, natural, mas extrínseco a isso, proveniente da forma social e econômica que ele assume, como meio de troca, e como conservação de valores. Não nos esqueçamos, porém, que, historicamente, a função de dinheiro começa por produtos, como os metais preciosos ouro e prata, que exibem também um valor de uso intrínseco derivado de sua forma concreta. Só depois, com o crescente e exponencial desenvolvimento das trocas e a complexificação do Estado, foram sendo substituídos por moedas de metal comum e cédulas de papel que, no início, ainda apareciam como uma espécie de certificado de posse de metais preciosos, exigência que, com o tempo, o mesmo dinamismo do mercado acabou por dispensar.
p. 25, 27, 36, 42, 43, 47, 48, 59, 60, 78, 112, 113, 116, 120, 121, 122, 123, 124, 125, 126, 133, 135, 148, 152, 153, 162, 163, 191, 192, 194, 195, 215, 223, 232, 246, 248.

glossário remissivo

Divisão pormenorizada do trabalho

Diferentemente da divisão social do trabalho, que ocorre no âmbito da sociedade como um todo, a divisão pormenorizada ou divisão técnica do trabalho é aquela que se dá no interior de uma unidade produtiva. Visando a ganhar maior eficiência, com economia de tempo, movimentos e recursos, bem como a tornar mais especializada a realização de tarefas, cada ofício é segmentado em suas partes constitutivas, de modo que a atividade de cada trabalhador acaba por ter como resultado não um produto pronto, mas partes desse produto que são combinadas e articuladas para formar o produto final. Em seu aspecto estritamente técnico, a divisão pormenorizada do trabalho insere-se no contexto do desenvolvimento das forças produtivas, sendo compatível com qualquer modo de produção envolvido na produção em alta escala e preocupado com a utilização racional dos recursos disponíveis, não sendo, portanto, exclusividade do modo de produção capitalista. No atual estágio de desenvolvimento das forças produtivas, não se pode pensar, por exemplo, que um hipotético modo de produção comunista pudesse prescindir dessa maior racionalidade do trabalho proporcionada pelo desmembramento dos ofícios e especialização de tarefas. Sob o capitalismo, entretanto, essa divisão não tem propósitos e resultados

meramente técnicos, mas econômicos e **políticos**, pois, por um lado contribui para o barateamento da **força de trabalho** e para a intensificação do **trabalho**, por outro, concorre para o maior controle e dominação do trabalhador, que perde sua condição de **sujeito**, tendendo a transformar-se em mero apêndice do processo produtivo. Mas, como vimos no capítulo 10, embora contribua para a degradação e o aviltamento do trabalhador, não é a divisão técnica do trabalho a origem, ou a causa primeira, da alienação, sob o capitalismo. Tanto essa **alienação** quanto a específica (e desumana) divisão capitalista do trabalho têm origem nas **relações sociais de produção**, em que o trabalhador é separado da propriedade dos **meios de produção** e, por isso, se aliena do produto por ele produzido.
p. 94, 102, 202, 234.

Divisão social do trabalho

A divisão social do trabalho consiste na distribuição do trabalho na sociedade. No entanto, essa divisão não se reduz, como muitas vezes se supõe, à distribuição do trabalho social entre setores e ramos econômicos, nem mesmo entre as inúmeras empresas produtoras de bens e serviços. A consideração desses grandes conglomerados e unidades econômicas não basta para apreciar a grandeza da divisão social do trabalho, que aparece desde os tempos mais remotos. A divisão social do trabalho diz respeito também à participação de cada indivíduo, por meio de seu trabalho, na produção da vida material dos demais. Essa divisão é decorrente da natureza necessariamente social do homem: embora ele mesmo produza sua existência material, apenas uma pequeníssima parte ele o faz diretamente, tendo de contar com o trabalho de outros para produzi-la em sua completude. É, pois, da conjugação do esforço laboral de bilhões e bilhões de indivíduos espalhados no tempo e no espaço que cada um de nós depende para compor nossa própria vida material. Não apenas dependemos uns dos outros, mas fazemos parte de um corpo unitário chamado humanidade. Daí decorre a questão ético-política fundamental: o contributo que recebemos de toda a humanidade nos faz corresponsáveis por seu destino. Em termos civilizatórios (portanto históricos), o lado moralmente defensável não é, então, o daquele que se preocupa *apenas* com o próximo (até porque dependemos infinitamente mais de nosso distante) nem o que apenas usa de empatia para colocar-se no lugar do outro, mas aquele que, consciente de seu lugar na humanidade (de sua responsabilidade social), coloca o outro e a si mesmo a serviço da humanidade, sofrendo quando qualquer de seus membros sofre, indignando-se quando qualquer de seus membros é ofendido, regozijando-se com a felicidade dos outros e responsabilizando-se pelo bem comum da humanidade. p. 71, 79, 80, 81, 82, 84, 85, 86, 150, 199.

Divisão técnica do trabalho
V. Divisão pormenorizada do trabalho. p. 81, 96, 103, 199.

Economia Política
Economia Política é a ciência que estuda a produção da vida material na sociedade. O qualificativo "Política" que compõe a expressão, e que às vezes causa estranheza às pessoas, se justifica, em primeiro lugar, porque o objeto em pauta não é a produção restrita no âmbito de uma unidade produtiva, mas as leis que regem a produção na sociedade como um todo. Em segundo lugar, porque a produção material da existência envolve necessariamente a questão do poder social. Como visto no capítulo 1, a produção material só se realiza pelo trabalho, e este só é possível com acesso aos meios de produção. O poder advindo da propriedade desses meios de produção é de importância primordial, porque significa ter acesso às condições objetivas de vida. Se uma classe ou grupo social detém a propriedade privada desses meios, não é difícil imaginar a enormidade de seu poder político sobre o restante da sociedade, e sua força em

determinar a forma como essa população produz sua própria vida. É o que acontece sob o capitalismo, em que os meios de produção (representados pelo capital) são propriedade privada de uma elite, e lhes dá poder de explorar as amplas camadas de trabalhadores. Não deve ser por acaso que os economistas liberais e assemelhados, que servem ao capital, jamais utilizam o qualificativo "Política", nem dão atenção às implicações deletérias da propriedade privada dos meios de produção sobre o restante da sociedade.
p. 114, 23, 65, 93, 98, 189, 204, 232, 235, 242.

Educação

Educação é a apropriação da cultura. Este conceito se contrapõe integralmente ao senso comum e ao amadorismo pedagógico que acreditam que educar é meramente transmitir conhecimentos. Em primeiro lugar, porque no processo pedagógico não há *transmissão* – de um sujeito para um objeto –, mas a *apropriação* – por um sujeito (o educando), mediada por outro sujeito (o educador). Em segundo lugar, porque o conteúdo da educação não pode se restringir a conhecimentos e informações. É a cultura inteira – representada por conhecimentos, informações, valores, crenças, ciência, filosofia, arte, tecnologia, direito, costumes, tudo enfim que o homem produz em sua transcendência da Natureza – que precisa ser objeto da ação educativa,

203

em seu esforço de formar no educando sua personalidade humano-histórica. Assim, educar-se é tornar-se autônomo, condutor do próprio destino, fazendo uso dos bens culturais de que se necessita para constituir-se como sujeito.
p. 11, 12, 77, 132, 159, 178, 181, 183.

Estrutura e superestrutura

Em Economia Política, o termo estrutura (ou infraestrutura) serve para indicar o conjunto das relações sociais de produção, ou seja, a esfera propriamente econômica da sociedade, na qual ocorre a produção material da existência.

A outra instância que complementa o todo social – numa relação de reciprocidade e interdependência com a estrutura – é a superestrutura, que, em contraste com a base econômica, constitui-se como domínio político, jurídico e ideológico, ou seja, é nesta esfera que os homens se organizam e se regulam política e juridicamente e desenvolvem suas ideias, representações simbólicas e visões de mundo.
p. 212, 223, 240.

Ética

A Ética é o domínio dos valores. Os valores, como expressão da vontade e julgamento dos homens, são construção histórica; não existem naturalmente. É pela situação de não indiferença diante do mundo que o ho-

mem cria valores e se faz humano-histórico, diferenciando-se da Natureza. É importante observar que, quando falamos de Ética como esfera dos valores, não estamos nos referindo apenas aos chamados "bons" valores, ou seja, àqueles socialmente aprovados. São as relações no âmbito da sociedade que determinam quais valores permanecem como aprovados e quais são condenáveis. Além disso, ao afirmarmos que é a ética que diferencia o homem dos demais seres, não estamos dizendo que o homem é naturalmente bom, nem naturalmente mau, mas que ele é o único ser ético, criador de valores.
p. 13, 26, 40, 44, 49, 83, 142, 172, 191, 201, 211, 214, 236, 237, 240, 244.

Exploração

À parte a conotação meramente moral deste termo, neste livro ele foi empregado em seu preciso sentido técnico-econômico de apropriação de um excedente produzido pelo trabalho de outrem.
p. 28, 38, 39, 40, 41, 42, 43, 44, 45, 49, 52, 62, 97, 98, 106, 129, 131, 148, 149, 151, 153, 154, 158, 168, 193, 195, 206, 221, 231, 238.

Fetichismo da mercadoria

No mundo da imaginação, quando uma coisa inanimada se apresenta como um ser com movimento e

vontade própria, capaz de ações e relações que interferem em outros seres, o fenômeno é chamado de fetiche (ou feitiço). Marx utilizou esta imagem para identificar o fenômeno pelo qual a mercadoria se apresenta, na troca, como se o valor que ela porta fosse uma qualidade intrínseca sua, e não uma característica resultante de relações sociais de produção. Assim, a forma mercadoria teria a propriedade de encobrir as verdadeiras relações de exploração de que ela é resultado. Mas o conceito marxiano é mais complexo e mais rico do que parece à primeira vista, porque as relações que dão origem à mercadoria *de fato* se materializam nela e lhe conferem a capacidade de mover relações sociais. Desse modo ocorre, respectivamente, a coisificação ("reificação") das relações sociais e a "personificação" das coisas.
p. 146, 147, 149, 151, 153, 158, 209.

Força de trabalho

Força de trabalho é a energia humana, física e mental, despendida pelo trabalhador no processo de trabalho. No capitalismo a força de trabalho se apresenta sob a forma de mercadoria, que é vendida pelo trabalhador e comprada pelo capitalista. É bom estar alerta para não confundir força de trabalho com trabalho. A ideologia capitalista afirma (e o senso comum acredita) que o ca-

pital paga o valor do trabalho, o que não é verdade. O que é pago é a força de trabalho.
p. 33, 34, 42, 48, 49, 50, 51, 52, 53, 54, 69, 70, 73, 75, 77, 78, 84, 91, 93, 94, 101, 105, 108, 109, 110, 129, 133, 143, 148, 151, 162, 163, 192, 193, 194, 196, 200, 216, 217, 219, 220, 222, 233, 238, 239, 240, 241, 242, 245, 246, 247, 249.

Forças produtivas

Chamamos de forças produtivas às técnicas, conhecimentos e instrumentos utilizados como mediação na produção econômica. Essas forças produtivas desenvolvem-se historicamente, evoluindo desde as formas mais rudimentares prevalentes nos primeiros grupamentos humanos até o avançadíssimo estágio de desenvolvimento em que se encontram hoje nas sociedades modernas. É importante ressaltar a íntima relação do desenvolvimento dessas forças produtivas com as relações sociais de produção e com o progressivo surgimento de novos modos de produção. Somente à guisa de exemplo, nas sociedades mais primitivas, em que as forças produtivas possibilitavam um excedente muito restrito, insuficiente, pois, para ser objeto de apropriação exploradora, não era possível a instalação de um modo de produção escravista. Este só se faz realidade quando as forças produtivas possibilitam uma produção mais desenvolvida, capaz de

reproduzir a vida do escravizado e também deixar um excedente compensador para o escravizador. Mas quando se instala esse novo modo de produção, as forças produtivas continuam a se desenvolver até alcançar um ponto em que entram em contradição com as relações sociais de produção vigentes, oferecendo as condições técnicas para um modo de produção mais avançado, pois o crescimento do trabalho excedente possibilitado por essas forças já permite relações sociais mais vantajosas com a superação da escravidão e a adoção de certo trabalho "livre" aos moldes do adotado durante o feudalismo. Em que pese o esquematismo dessas referências, elas servem para revelar como as forças produtivas, propiciadoras da instalação de um novo modo de produção, ao se desenvolverem continuamente em resposta a esse mesmo modo de produção, acabam por atingir um ponto de desenvolvimento tal que as põe em extrema contradição com as relações sociais de produção aí vigentes, propiciando o advento de um novo modo de produção.
p. 14, 74, 76, 84, 108, 109, 194, 199, 217, 218, 219, 220, 224, 234, 239, 240, 242, 246.

Forma social
É quase tautológico afirmar que a expressão "forma social" se refere às relações entre os homens em sociedade.

Mas é importante ressaltar que ela se faz necessária sempre que queremos contrastá-la com a forma meramente técnica de determinado fato ou fenômeno. Aqui, o exemplo paradigmático é o trabalho, que tanto podemos pensar tecnicamente quanto em sua forma social. Tecnicamente, referimos a sua concretude, como relação entre o indivíduo e os meios de produção, fazendo, portanto, abstração (colocando entre parêntesis) suas determinações sociais e econômicas, isto é, desconsiderando arbitrariamente o modo de produção a que ele está subsumido. Já em sua forma social, consideramos as relações sociais de produção (especialmente em termos da propriedade dos meios de produção) que o subordinam e que podem determiná-lo inclusive tecnicamente. Falamos também de forma social, ou de função social, de que é investida determinada coisa no modo de produção capitalista, no contexto do fenômeno a que denominamos fetichismo da mercadoria. Aí, uma coisa, por mais prosaica que pareça, assume a forma social das relações que lhe dão origem como se estas fossem características dela mesma.
p. 48, 82, 94, 98, 100, 151, 198, 233, 243, 245.

História

Em todo o decorrer deste livro, tive a preocupação de favorecer ao leitor a compreensão de que a História não

consiste apenas na sucessão de fatos no tempo. Esta simples sucessão é característica da Natureza que, no entanto, não tem história, pelo menos não no sentido de construção humana que procuramos empregar aqui. História, em seu sentido mais amplo e abrangente, é o processo de transformação da humanidade. Esse processo certamente se desenvolve no correr do tempo e conta com o concurso da Natureza. O essencial, porém, é a transformação do humano-histórico, pela produção da cultura.
p. 14, 15, 45, 83, 86, 91, 120, 135, 141, 144, 177, 178, 195, 211, 214, 240.

Homem
V. Humano-histórico.
p. 12, 27, 28, 29, 33, 37, 48, 49, 54, 58, 63, 70, 71, 82, 83, 84, 86, 87, 90, 91, 95, 106, 140, 144, 145, 149, 154, 158, 161, 164, 177, 178, 183, 186, 196, 201, 203, 205, 214, 224, 225, 229, 232, 240, 248.

Humano-histórico
Disseminada no senso comum existe a ideia de que, para nominar o homem, diferenciando-o dos demais seres vivos, basta qualificá-lo de animal racional. Este entendimento é por demais insuficiente, pois continua restringindo o conceito de homem a suas características naturais: um ser animado que tem um cérebro desen-

volvido, ou mais desenvolvido do que os demais seres da Natureza. No decorrer deste livro vimos que o homem, como espécie, é muito mais do que isso, exigindo um conceito que ultrapasse as fronteiras de seu corpo físico. Por isso, não por mera retórica, frequentes vezes utilizei a palavra "humano-histórico", para indicar um ser: a) dotado de vontade, que transcende a Natureza, manifestando-se diante do mundo e criando valores (Ética); b) que, com base nesses valores, estabelece objetivos; e c) que, com vistas a esses fins, exerce uma atividade histórica chamada trabalho, por meio do qual transforma a Natureza, transformando sua própria natureza e fazendo a História.
p. 12, 27, 83, 139, 140, 141, 157, 160, 161, 177, 190, 196, 204, 205, 210, 213, 215, 226, 229, 245, 246.

Ideologia

A ideologia pode ser entendida simplesmente como falsa consciência ou, como propõe Antonio Gramsci, como o "significado mais alto de uma concepção do mundo, que se manifesta implicitamente na arte, no direito, na atividade econômica, em todas as manifestações de vida individuais e coletivas". É neste último sentido que o termo é frequentemente utilizado neste livro. O ponto essencial a ser destacado é o caráter não neutro, interessado, que sustenta a ideologia e lhe dá coesão e coerência, a partir das

relações sociais de produção estabelecidas na estrutura da sociedade. A ideologia neoliberal, por exemplo, não é mera maquinação arbitrária de intelectuais a serviço da classe burguesa, mas o resultado mesmo das forças e interesses articulados a partir do funcionamento do capitalismo tal como ele se desenvolve contemporaneamente.
p. 14, 39, 47, 50, 62, 95, 133, 142, 143, 144, 183, 194, 206, 212, 228.

Instrumentos de produção

V. Instrumentos de trabalho.
p. 33, 35, 50, 51, 52, 54, 74, 77, 93, 99, 192, 212, 216, 242.

Instrumentos de trabalho

Os instrumentos de trabalho (também chamados de instrumentos de produção) são os meios (ferramentas, máquinas, etc.) utilizados para transformar o objeto de trabalho em produto. Diferentemente do objeto de trabalho, os instrumentos de trabalho não se incorporam no produto. Também não se transformam, no processo. Na verdade, eles se desgastam, à medida que vão sendo utilizados.
p. 27, 33, 34, 49, 50, 51, 77, 84, 100, 223.

Liberalismo

Liberalismo, neoliberalismo ou ideologia liberal, conforme mencionados neste livro não pretendem referir-se ao liberalismo como doutrina ou como sistema geral de ideias que representou inegáveis contribuições ao pensamento da humanidade, ao voltar-se historicamente contra a antiga ordem autocrática pré-capitalista e que pugnou (e ainda pugna) pelas liberdades civis, políticas e sociais. Embora, sem dúvida, ligado a essa doutrina e, em certa medida, tendo participado historicamente tanto como causa quanto como efeito dela, o liberalismo a que aqui me refiro é o liberalismo especificamente econômico. Ora, a característica conspícua desse liberalismo é precisamente negar a liberdade, no sentido que a empregamos neste livro. Se ser livre (no sentido humano-histórico) é ter poder de opção, a "liberdade" (licença) dada ao capitalista de deter os meios de produção implica a usurpação do trabalhador de seu direito de ter acesso livre às condições objetivas de vida, tendo de submeter-se às leis *naturais* do mercado, que favorecem e legitimam o poder do mais forte (o capitalista). Ao mesmo tempo, esse liberalismo propugna por um Estado mínimo em termos daquilo que ele deve oferecer ao público, e máximo em termos do poder das elites e proteção da propriedade privada dos meios de produção. Por isso, vocifera sofisticamente contra o pagamento de impostos, omitindo o fato de que cada centavo do imposto é resultado do esforço do

trabalhador e da população em geral, e, de direito, em seu favor deve ser aplicado.
p. 25, 92, 95, 138, 140, 141, 142, 143, 144, 145.

Liberdade

A palavra liberdade é usada mais frequentemente para contrapor-se ao sentido de prisão. Estar livre, assim, significa estar solto, isento de constrangimentos para agir e relacionar-se. Neste preciso sentido, podemos dizer corretamente que o pássaro é livre para voar. Mas, neste livro, foi necessário fazer uso de um significado diverso deste, contrapondo o termo não à prisão simplesmente, mas à **necessidade** natural. Nesta acepção, ser livre é transcender essa necessidade, ou essa inexorabilidade das leis naturais. Desta maneira de ver, já não é possível atribuir liberdade a um ser apenas natural – um pássaro, por exemplo – porque ele não consegue ultrapassar seu estado de **Natureza**. Só o **homem** é capaz disso. E ele o faz ao fazer-se **ético** (situação de não indiferença diante do mundo), ao transformar a Natureza (pelo **trabalho**), modificando sua própria natureza e, assim, fazer **História**. Além disso, sabendo do caráter necessariamente social do trabalho, constatamos que liberdade não se faz isoladamente, mas com o outro, ou melhor, com os outros. Em síntese, a liberdade em seu significado mais elevado como virtualidade exclusiva do ser

humano-histórico pressupõe a relação entre sujeitos. Como o fim é a construção da liberdade, que afasta a necessidade natural, nessa relação não pode vigorar o autoritarismo, pois este é orientado pela lei natural de domínio do mais forte sobre o mais fraco. A construção da liberdade supõe, portanto, o exercício da democracia.
p. 32, 45, 84, 90, 91, 92, 95, 138, 139, 140, 141, 142, 145, 167, 175, 177, 178, 181, 183, 197, 213, 225, 226, 230.

Lucro

Lucro é a diferença entre o valor aplicado na compra e o valor obtido na venda de determinada mercadoria. Mas é importante observar que, nessa operação, pode haver ou não variação no valor da mercadoria objeto da transação. Quando o valor se mantém constante durante o intervalo entre compra e venda, trata-se, na verdade, de uma aplicação especulativa, em que o investidor aproveita para comprar abaixo ou vender acima do real valor, ou ambas as ocorrências. No capitalismo, a especulação se apresenta sob as mais diferentes formas, destacando-se a chamada especulação financeira dos grandes proprietários de dinheiro que operam nas Bolsas de Valores, criando e disseminando boatos sobre a economia nacional ou sobre a situação de maior ou menor solidez das empresas e negócios. Não é esse tipo de lucro, todavia, que fundamenta a economia capitalista, mas

aquele em que há uma real valorização das mercadorias no intervalo entre a compra e a venda. Como visto em várias oportunidades neste livro, entre as mercadorias compradas para a produção capitalista, algumas (os meios de produção) transferem seu exato valor ao produto resultante, sem nada acrescentarem. Mas há uma mercadoria, a força de trabalho, que, além de transferir seu próprio valor, tem como característica ser criadora de valor novo, incorporando-o nos produtos resultantes do trabalho. Esse excedente que não é pago constitui o lucro capitalista. Sem essa peculiaridade não é possível falar em capitalismo. Mesmo o lucro especulativo só existe quando já existe algum valor produzido para ser tratado especulativamente.
p. 27, 130, 131, 134, 162, 191, 192, 215, 216, 220.

Mais-valia

No processo de produção capitalista, o trabalhador transfere para o novo produto os valores contidos nos elementos do processo de trabalho: meios de produção (objeto de trabalho e instrumentos de produção) e força de trabalho. Como sabemos, todos esses elementos são mercadorias, inclusive a força de trabalho, ou seja, a energia física e mental despendida na atividade laboral. O que compõe o valor da força de trabalho são as mercadorias que o trabalhador precisa consumir para existir como "portador" da força de trabalho. Esse valor é pago pelo capitalista. Acontece que o trabalhador, no atual estágio de desenvolvimento das forças produtivas, é capaz de produzir um valor muito maior do que o valor de sua própria força de trabalho. Qualquer intervalo de tempo de trabalho – uma jornada diária, por exemplo – pode ser dividida em duas partes, uma primeira parte em que o trabalhador produz o valor de sua força de trabalho (isto é, transfere para o novo produto o valor de sua energia vital, que foi pago pelo capitalista), e uma segunda parte em que ele continua empregando sua força de trabalho – portanto produzindo valor –, mas que não é paga pelo proprietário dos meios de produção. Esse valor adicional, um valor excedente, recebe o nome de mais-valia.

p. 53, 77, 105, 106, 107, 108, 109, 129, 131, 132, 133, 134, 143, 161, 163, 192, 217, 219, 220, 221, 237, 238, 242, 245, 246, 249.

Mais-valia absoluta

A mais-valia absoluta consiste no valor que é apropriado pelo capitalista por meio da extensão da jornada de trabalho para além do tempo de trabalho necessário. Ela é vista geralmente como uma modalidade de mais--valia, o que não deixa de representar certa redundância, visto que toda mais-valia consiste nisso: extensão da jornada de trabalho para além do tempo de trabalho necessário. Mas o conceito é útil também para denotar o acréscimo da própria mais-valia quando se considera determinada jornada de trabalho que já contém um trabalho excedente não pago. A mais-valia decorrente do acréscimo nessa jornada será chamada mais-valia absoluta. Há uma forma especial de dilatação da jornada que consiste em intensificar o trabalho numa jornada dada. Com essa medida, o trabalhador, num mesmo intervalo de tempo, gasta mais energia do que gastava antes, tendo, portanto, o mesmo efeito de uma extensão da jornada, resultando, assim, em mais-valia absoluta. p. 104, 105, 107, 108, 109, 219, 220.

Mais-valia extraordinária

A mais-valia extraordinária é muitas vezes confundida com a mais-valia relativa, pois ambas advêm do desenvolvimento das forças produtivas. No caso da mais-valia extraordinária, porém, trata-se de um desenvolvimento localizado em uma empresa ou em um conjunto limitado de empresas. Ao conseguir desenvolvimento tecnológico ou administrativo que possibilitem a queda do tempo exigido para produzir determinado bem ou serviço, os proprietários conseguem produzir mais, sem reduzir a jornada de trabalho. Isso gera uma diminuição dos custos, porque o mesmo valor é incorporado numa quantidade

maior de produtos. Houve, por isso, um incremento da mais-valia, não porque houve queda no tempo de trabalho necessário, como acontece com a mais-valia relativa, nem extensão da jornada de trabalho, como acontece na mais--valia absoluta, mas porque houve maior produtividade durante toda a jornada de trabalho.
p. 104, 105, 110, 111, 220.

Mais-valia relativa

Mantido constante o tamanho da jornada de trabalho, a mais-valia relativa consiste no valor excedente produzido em decorrência da diminuição do tempo de trabalho necessário, fazendo crescer, assim, o tempo de trabalho excedente. Para que o tempo de trabalho necessário seja reduzido é preciso que o valor da força de trabalho diminua. Força de trabalho com valor menor exige menor tempo para ter esse valor produzido, ocasionando, portanto, o encurtamento do tempo de trabalho necessário e ocasionando a mais-valia relativa. Isso é possível pelo desenvolvimento das forças produtivas, ou seja, dos conhecimentos, técnicas e instrumentos aplicados à produção, de tal modo que se reduza o tempo médio de trabalho socialmente necessário para produzir determinado bem ou serviço, fazendo cair, portanto, seu valor. Mas, atenção: para que haja a produção da mais-valia relativa é

preciso que a queda nos valores se generalize na sociedade de modo a atingir aquelas mercadorias que compõem a força de trabalho, fazendo, assim, cair seu valor e encurtar o tempo de trabalho necessário. Não resulta, pois, em mais-valia relativa o emprego de forças produtivas mais desenvolvidas de forma apenas localizada em uma ou outra unidade produtiva. Neste caso, pode ocorrer a chamada mais-valia extraordinária. Também não concorre para a mais-valia relativa a intensificação do trabalho, que se inclui no âmbito da mais-valia absoluta.
p. 104, 105, 107, 108, 109, 110, 111, 218, 219, 220.

Mais-valia, partilha da

O lucro do capital se materializa na mais-valia. Mas esse é seu lucro bruto. Para aferir o lucro líquido é preciso subtrair as parcelas desse montante das quais o capitalista tem de abrir mão. Em primeiro lugar, há a parcela transferida ao comerciante, na forma de desconto no valor da mercadoria para que ele a coloque no mercado. Há também a publicidade, que precisa ser realizada para fazer frente à concorrência e criar necessidades nos clientes potenciais. Além disso, há que se remunerar o capital financeiro, pagando os juros dos empréstimos contraídos junto a bancos e outras instituições. De particular importância nessa partilha da mais-valia estão os impostos

pagos ao Estado que, à parte a garantia que oferece à perpetuação da exploração capitalista, é quem contribui para minorar as mazelas causadas aos trabalhadores, oferecendo serviços de toda ordem para a população. Na divisão da mais-valia deve ser incluído também o que é despendido com a corrupção, relacionada, por exemplo, ao tráfico de influência junto a políticos, à organização e financiamento de *lobbies* no Congresso, ao apoio a golpes de Estado e a interferências militares em outros países, à ação para eliminar competidores incômodos, etc. A partilha da mais-valia se refere, assim, a tudo aquilo que é produzido pelo suor do trabalhador, mas que não permanece nas mãos do capital, fazendo parte, todavia, daquilo que ajuda a mantê-lo no poder.
p. 131, 194, 221.

Matéria bruta

Matéria bruta é o objeto de trabalho que ainda não teve trabalho humano incorporado.
p. 50, 51, 227.

Matéria-prima

Matéria-prima é o objeto de trabalho que já teve trabalho humano incorporado em processo de produção anterior.
p. 49, 51, 93, 227.

Meios de produção

Os meios de produção são o conjunto dos instrumentos de produção e do objeto de trabalho. Constituem as condições objetivas de trabalho, por contraposição à força de trabalho, que constitui a condição subjetiva. Como a vida se produz pelo trabalho, dizer condições objetivas de trabalho é o mesmo que dizer condições objetivas de vida. Daí a importância ímpar da propriedade e controle dos meios de produção. Quem os detém detém, na verdade, as condições de vida da população. Por isso que a condição material primordial no estabelecimento de uma sociedade igualitária é a superação da propriedade *privada* das condições de vida, de modo a que todos tenham acesso livre aos meios de produzir sua própria existência. Não se está afirmando que isso se faz de uma hora para outra ou num piscar de olhos. O que se reivindica é a imprescindibilidade de que, na luta pela transformação social, quaisquer que sejam sua natureza e dimensões, há que se ter essa condição no horizonte.

p. 27, 32, 33, 35, 36, 37, 40, 41, 45, 48, 50, 53, 62, 77, 85, 89, 93, 94, 98, 100, 102, 140, 189, 190, 192, 194, 195, 200, 202, 203, 209, 213, 216, 217, 223, 224, 231, 232, 233, 234, 243, 244.

Meios de trabalho

O mesmo que instrumentos de trabalho. É bom prestar atenção para não confundir este conceito com o de meios de produção. São coisas diferentes.

Mercadoria

No modo de produção capitalista, a riqueza se apresenta generalizadamente sob a forma de mercadoria, que nada mais é do que um bem ou serviço que é trocável por outro ou por dinheiro (sem perder de vista que o próprio dinheiro é também uma mercadoria). Nesse sentido, toda mercadoria possui duas características ou propriedades: valor de uso e valor de troca. O primeiro fala de sua utilidade, o segundo, de sua capacidade de trocar-se por outra mercadoria.

p. 25, 41, 47, 51, 52, 53, 56, 57, 58, 59, 60, 61, 62, 66, 67, 68, 69, 70, 73, 74, 75, 76, 77, 78, 108, 109, 110, 113, 114, 115, 116, 117, 118, 119, 120, 122, 123, 125, 129, 130, 142, 146, 147, 148, 149, 150, 151, 152, 153, 163, 191, 192, 197, 198, 206, 215, 216, 220, 232, 241, 246, 247, 248, 249.

Modo de produção

Modo de produção é a maneira como a sociedade se organiza (nos domínios da estrutura e da superestrutura) com base nas relações sociais de produção. Atente-se

para o fato de que há certa correspondência necessária entre a estrutura econômica (com suas relações sociais de produção determinadas pela propriedade dos meios de produção e mediadas pelas forças produtivas) e a superestrutura jurídica, política e ideológica, que tem de dar conta das relações sociais que se dão no âmbito estrutural. Essa correspondência não se faz de forma imediata nem mecanicamente, mas não é difícil perceber, por exemplo, como seria pouco adequado um sistema de governo do tipo da democracia burguesa na vigência do modo de produção feudal – para falar do jurídico-político –, ou – para mencionar o aspecto ideológico – como seria muito pouco provável a generalização de uma concepção de mundo que estimulasse a frugalidade, o comedimento, a renúncia aos bens terrenos e a espera da felicidade numa vida após a morte, na vigência de um modo de produção que depende da competição e do consumo intensivo como é o modo capitalista de produção.
p. 36, 41, 69, 70, 94, 99, 142, 143, 152, 192, 194, 199, 207, 208, 209, 223, 228, 232.

Natureza

Emprego o termo Natureza (assim, com inicial maiúscula) para indicar tudo aquilo que existe independentemente da vontade e da ação do homem. É, pois,

glossário remissivo

o domínio da necessidade (aquilo que existe *necessariamente*, fatalmente, inapelavelmente), por oposição à Cultura, que é o domínio da liberdade (a condição de poder optar, movido pela vontade e pela ação humana). O uso da inicial maiúscula se impõe para que não se confunda com outro sentido inteiramente diferente desta mesma palavra. Refiro-me àquele significado de natureza relacionado aos atributos ou características de determinado objeto ou pessoa, como quando perguntamos: "de que natureza é tal coisa?". Aqui, natureza é sinônimo de condição, índole, cunho, caráter. Esta pode parecer uma questão de somenos, por sua aparente obviedade. Mas deixa de sê-lo quando consideramos, por exemplo, a interpretação equivocada da célebre afirmação de Marx a que me refiro no capítulo 8, de que, ao modificar a Natureza pelo trabalho, o homem modifica sua própria natureza. O equívoco se estabelece quando se depreende, como muitos fazem, que Marx está falando de uma modificação na constituição física, natural, do homem que trabalha, quando, na verdade, é às características ou atributos (à natureza) da constituição histórica do homem como espécie que ele se refere.
p. 13, 82, 83, 84, 90, 140, 177, 196, 203, 205, 210, 211, 214, 225, 226, 236, 244.

225

Necessidade

Quando digo, por exemplo, que a Natureza é o domínio da necessidade, estou empregando este termo não no sentido comum de algo de que se precisa, ou de que se tem carência, mas no sentido de algo que *necessariamente* acontece, obedecendo a leis naturais, que independem da vontade e dos atos dos homens. Nesta acepção, necessidade se opõe a liberdade, quando esta é considerada não como mera licença, mas como característica humano-histórica de poder decidir, escapando da necessidade natural.
p. 26, 39, 44, 45, 49, 82, 90, 91, 102, 139, 142, 158, 159, 170, 178, 196, 214, 215, 225, 229, 230, 236, 240.

Objeto

Não custa chamar a atenção para a diferença entre o uso que fazemos dessa palavra no dia a dia – para expressar qualquer elemento manuseável, uma coisa material qualquer –, em contraste com a utilização específica que ela tem num discurso que envolve as relações entre os homens. Aqui, o mais importante é contrapô-la ao conceito de sujeito. Enquanto este é um ser de vontade, que exerce seu poder sobre aquilo com que se relaciona, o objeto, como seu contrário, é algo que não ostenta nenhuma vontade, sendo, em vez disso, o alvo da vontade e da ação do sujeito. Finalmente, é preciso não confundir objeto com objeto de trabalho. São conceitos diferentes. p. 12, 27, 33, 41, 42, 49, 91, 108, 120, 149, 158, 159, 160, 161, 202, 203, 207, 215, 225, 227, 235, 237, 244.

Objeto de trabalho

O objeto de trabalho é a matéria sobre a qual se processa o trabalho. Como o próprio nome indica, ele é objeto da ação do sujeito (o trabalhador). É o que se transforma no produto. A tábua (objeto de trabalho) transformada pelo marceneiro (o sujeito) se incorpora na mesa (produto acabado). O objeto de trabalho também pode ser chamado de a) matéria-prima (quando já tem trabalho humano incorporado) ou b) matéria bruta (quando ainda não teve trabalho humano incorporado). Finalmente, é preciso acrescentar que o objeto de trabalho não necessariamente é um mero objeto. No caso do processo de trabalho pedagógico, por exemplo, um dos agentes da transformação é o próprio objeto de trabalho, o educando, que, por isso, deve necessariamente ser um sujeito.
p. 27, 33, 34, 35, 49, 50, 51, 52, 53, 77, 83, 95, 99, 100, 111, 158, 159, 160, 192, 212, 216, 222, 227, 242.

Poder

A palavra poder admite vários significados. O que nos interessa neste livro é seu entendimento como poder social, ou seja, a capacidade de levar o outro a agir de acordo com nossa vontade. Observe-se que isso não é o mesmo que dizer que é a capacidade de impor a própria vontade, como costuma aparecer em textos de Sociologia e Política, que estão, em geral, impregnados pela ideologia liberal, comprometida com o modo de produção vigente em que a dominação é a regra. Se, em vez disso, interpretarmos o poder de uma forma mais de acordo com as potencialidades verdadeiramente humanas de se relacionar, veremos que o poder social pode exercer-se também tendo como base o diálogo e a cooperação. Já não se trata aqui de violar a condição de sujeito do outro, mas de se fazer sujeito afirmando a subjetividade do outro. É a forma democrática de exercício do poder: não o poder *sobre* ou *contra* o outro, mas o poder *para* ou *com* o outro. É por isso que se pode dizer que a democracia é a forma de fazer política (exercício do poder) que supõe a convivência entre sujeitos que se afirmam como tais.

p. 23, 26, 45, 66, 90, 132, 139, 140, 144, 150, 151, 152, 153, 154, 158, 160, 168, 176, 177, 189, 197, 202, 203, 213, 221, 225, 226, 229, 230, 231.

Política

Quando afirmamos que o homem é um ser social (e isto é uma exigência da própria natureza do trabalho que ele realiza para produzir sua existência), ainda não adentramos necessariamente em sua condição histórica, visto que a socialidade é característica também de outras espécies animais, como a formiga, a abelha, etc. Acontece que, no âmbito dessas espécies, a socialidade se faz entre não sujeitos, realizando-se naturalmente. No domínio humano-histórico, todavia, a relação é entre sujeitos, detentores de valores, interesses, sonhos, expectativas, etc., que não são necessariamente coincidentes entre os indivíduos e grupos envolvidos. Quando interesses não coincidem, há a necessidade, para a manutenção da convivência social, de que uma das partes (indivíduo ou grupo) leve a outra a agir de acordo com sua vontade. Vimos que é nisso que consiste o poder social. E a política, em seu sentido mais amplo e abstrato, consiste precisamente no exercício do poder social. Nunca esquecendo que há duas formas de exercer o poder: autoritariamente – dominando o outro e negando sua condição de sujeito – e democraticamente – por meio do diálogo e da afirmação das subjetividades (v. Democracia). É assim que a política se faz atividade humano-social com o propósito de tornar possível a con-

229

vivência entre sujeitos, na produção da própria existência em sociedade.
p. 13, 14, 26, 101, 132, 133, 144, 145, 158, 159, 160, 163, 175, 176, 197, 200, 202, 203, 204, 213, 224, 228, 229, 244.

Privado
V. Público e Privado.
p. 26, 31, 36, 37, 45, 62, 76, 102, 114, 139, 151, 162, 163, 167, 168, 169, 170, 172, 202, 203, 213, 222, 243, 245.

Público e Privado

Numa democracia, o público e o privado, como instâncias mutuamente determinantes, devem coexistir de modo que um não cerceie a liberdade do outro. O público é o domínio da universalidade de direitos e deveres de cidadãos, responsáveis diante dos demais cidadãos e da sociedade organizada no Estado democrático. O privado é o âmbito da particularidade de indivíduos e grupos com seus interesses e idiossincrasias, e também supõe direitos e deveres garantidos pelo Estado. Sempre que o poder público se sobrepõe aos direitos do privado, limitando-os, assim como toda vez que o privado agride o domínio do público, utilizando-o para interesses particulares, a democracia é violada. O alerta a ser feito é sobre a necessidade de não se confundir o significado de público com o de estatal. Numa democracia, o Estado é o guardião do público, mas com este não se confunde. Sob o capitalismo, por exemplo, o Estado é, antes, guardião dos interesses do capital, que não tem nada de público, pois é a consagração da propriedade *privada* das condições objetivas de vida, obstaculizando, portanto, o acesso do público a essas condições. O acesso irrestrito a tais condições de forma universal, dando poder comum a todos para produzirem sua existência material, seria a democracia levada ao paroxismo, o que estaria mais próximo de uma sociedade verdadeiramente comunista, em que o Estado (ou outro nome que se lhe dê) cuidaria do privado, passando sempre pelo público, porque o próprio direito do indivíduo (privado) só seria legítimo se não agredisse o direito comum (público).

Relações sociais de produção

Reservamos a expressão "relações sociais de produção" para aquelas relações de produção que são relações econômicas, ou seja, que são determinadas pela propriedade dos meios de produção. Por exemplo, as relações de exploração que se dão entre o senhor e o escravo, ou entre o proprietário do feudo e o servo, ou ainda entre o capitalista e o trabalhador, são relações sociais de produção. Já as relações que se dão no interior de uma unidade produtiva, na organização e implementação do processo produtivo – por exemplo as

relações entre chefe e subordinado, ou entre os trabalhadores na execução de seus papéis no interior do processo produtivo –, mesmo subsumidas pelas relações sociais de produção, chamamos de relações técnicas de produção.
p. 148, 150, 163, 200, 204, 206, 207, 208, 209, 212, 223, 224.

Riqueza

Na linguagem corrente a palavra riqueza é muito frequentemente associada a uma quantidade (em geral grande) de dinheiro ou a bens que encerrem grande quantidade de valor econômico, como ouro, prata e outros materiais preciosos. Em Economia Política, é bom ter presente um sentido mais extenso dessa palavra, qual seja, o de que riqueza é tudo aquilo, e só aquilo, que é produzido pelo homem para atender às suas necessidades. Sob a lógica mercantil, e especialmente no modo de produção capitalista, essa riqueza se apresenta sob a forma de mercadoria. Por isso é que Marx inicia *O capital* dizendo que "a riqueza das sociedades onde rege a produção capitalista configura-se em imensa acumulação de mercadorias, e a mercadoria, isoladamente considerada, é a forma elementar dessa riqueza".
No capitalismo, embora a riqueza esteja concentrada nas mãos de pouquíssimas pessoas, toda ela é sempre produto do esforço da imensa massa de não proprietários dos meios de produção. Mesmo o ouro, a prata, o diamante, etc. só

se tornam riquezas – que no capitalismo aparecem sob a forma de mercadorias – quando arrebatados das minas por mãos de trabalhadores.
p. 58, 62, 130, 133, 134, 135, 141, 142, 149, 153, 194, 195, 223.

Subordinação formal do trabalho ao capital
V. Subsunção formal do trabalho ao capital.
p. 99.

Subordinação real do trabalho ao capital
V. Subsunção real do trabalho ao capital.
p. 100.

Subsunção formal do trabalho ao capital
Não se deixe enganar pelo termo "formal". Não se trata apenas de formalidade. "Formal" aqui indica a "forma social" da subsunção, ou subordinação. Ela é tão real (no sentido de ser um fato objetivo) quanto a subsunção real, apenas que, na subsunção formal, consideramos a *forma social* pela qual o trabalho se submete ao capital. Pela ausência da propriedade dos meios de produção e pela perda do acesso aos produtos que realiza, os quais se separam de si, o trabalhador perde sua subjetividade em benefício do capital, que o subjuga, explorando sua força de trabalho e se apropriando de sua produção. Quando, porém, se diz

que a subsunção é *apenas* formal se pretende assinalar que o trabalhador, apesar da perda dessa subjetividade, ainda detém certa subjetividade técnica, pois, em virtude do estágio de desenvolvimento das forças produtivas e da maneira de organizar-se tecnicamente a produção – em que ainda não há a introdução ou a exacerbação da divisão pormenorizada do trabalho –, é ele quem maneja o instrumental de trabalho, assumindo, em maior ou menor medida, o ritmo da atividade que exerce.

Subsunção real do trabalho ao capital

Na subsunção real, o trabalhador que, em virtude da dominação do capital, já tinha perdido sua subjetividade na forma social, passa a não detê-la também em sua forma técnica. O qualificativo "real" não tem, portanto, o significado apenas de ser um fato objetivo, para com isso distingui-la de uma subsunção que fosse apenas formal, visto que a chamada subsunção formal também é uma subordinação objetivamente real. O que há de novo, ou de distintivo, na subsunção real é que, com a introdução e a exacerbação da divisão pormenorizada do trabalho, deixa de ser, concretamente, o trabalhador a manejar os meios de produção. Na forma da organização do trabalho e da maquinaria são os meios de produção que determinam o ritmo e a intensidade do trabalho. Não fosse o costume

glossário remissivo

consagrado em Economia Política de se falar em "subsunção formal" e "subsunção real", mais adequado seria, talvez, se chamássemos a primeira de subsunção social e, a segunda, de subsunção técnica.
p. 98.

Sujeito

Alguém se faz sujeito quando aplica livremente sua vontade em ações, pensamentos, palavras, sentimentos. Sujeito, como foi frequentemente empregado neste livro, contrapõe-se a objeto. Este não é detentor de vontade e é, simplesmente, o móvel da ação do sujeito. Observe que o sujeito não é simplesmente agente, ou ator, mero realizador de atividades, mas autor, alguém (indivíduo ou grupo) na situação de determinar objetivos e realizar ações de acordo com sua vontade. É bom prestar atenção para os vocábulos derivados, "subjetivo" e "subjetividade", que no livro foram empregados nesta mesma acepção, não se referindo, portanto, apenas ao indivíduo ou à individualidade.
p. 33, 34, 49, 50, 90, 91, 98, 100, 140, 144, 152, 158, 159, 160, 175, 176, 177, 178, 180, 197, 200, 203, 204, 215, 226, 227, 228, 229, 230, 243, 244.

Superestrutura

V. Estrutura e superestrutura.
p. 224.

235

Supérfluo como necessário

O conceito de supérfluo desenvolvido por José Ortega y Gasset, não obstante sua origem liberal, parece encaixar-se plenamente na concepção de mundo implícita neste livro. Segundo esse autor, para o homem, apenas o supérfluo é necessário. Mas o conceito aqui é bem diverso da chamada superfluidade presente na gratuita criação de necessidades, inerente à sanha publicitária da moderna sociedade mercantil capitalista. Enquanto esta labora em favor do desnecessário, aquele tem a ver com a busca daquilo que é mais do que necessário. Para compreender o conceito, é bom começar por examinar a diferença que Gasset estabelece entre "viver" e "viver bem". O animal, diz ele, contenta-se em simplesmente viver, ou deixar-se viver (de modo natural). Ao ser humano, todavia, isso não basta: mais do que viver, restringindo-se ao domínio natural (necessidade), ele quer viver bem, e isso implica transcender a necessidade natural, começando por almejar o supérfluo – sua posição de não indiferença diante do real, ou, podemos dizer, sua posição ética, criadora de valores. O supérfluo significa, assim, algo que não está posto pela Natureza, mas que representa o anseio do homem para o "viver bem", para além da necessidade natural. Voar, por exemplo, não é necessário para *viver*. O homem poderia continuar vivendo (naturalmente, necessariamente) sem o avião. Este é, no entanto, o supérfluo que se faz necessário para *viver bem*, ou seja, para viver de acordo com um valor que o homem criou relacionado a sua locomoção. Não deixa de ser interessante também observar como o próprio homem costuma "naturalizar" o que antes foi considerado supérfluo. Objetos do dia a dia, que são o resultado de muitos milênios de esforço e inventividade humana, mal acabam de ser postos à disposição para uso geral e já são vistos como objetos da paisagem natural de nossas necessidades mais elementares. Para perceber isso, basta, por exemplo, atentar para a naturalidade com que, nos dias de hoje, utilizamos e somos em geral dependentes do uso de um *smartphone* em nossa vida cotidiana.

Taxa de lucro

A taxa de lucro (simbolicamente, *p*) é representada pela razão entre o capital variável (*v*) e o capital total aplicado, que é composto pelo capital constante (*c*) mais o capital variável (*v*). Temos, assim: *p=v/c+v*. p. 196.

Taxa de mais-valia

A taxa de mais-valia (simbolicamente, *m'*) é representada pela razão entre a mais-valia (*m*) e o capital variável (*v*), ou *m'= m/v*. Ela corresponde à razão entre o tempo necessário (trabalho pago) e o tempo excedente (trabalho não pago), sendo, portanto, a expressão do grau de exploração do trabalhador pelo capitalista.

Tempo de trabalho excedente
Tempo de trabalho excedente é aquele durante o qual se produz a mais-valia. Tem esse nome porque é nesse tempo que se produz o valor que *excede* o valor da força de trabalho. É tempo de trabalho não pago e representa a exploração do trabalhador pelo capitalista.
p. 105, 107, 108, 109, 110, 242.

Tempo de trabalho médio socialmente necessário
V. Tempo de trabalho socialmente necessário.
p. 74, 110, 130, 239.

Tempo de trabalho necessário
Tempo de trabalho necessário é o período da jornada de trabalho em que se produz o valor da força de trabalho. Tem esse nome porque é o tempo necessário para o trabalhador produzir o valor correspondente ao capital variável, repondo, assim, o valor pago pelo capitalista. Não se deve confundir com tempo de trabalho socialmente necessário.
p. 105, 106, 107, 108, 109, 217, 219, 220, 239, 242, 244.

glossário remissivo

Tempo de trabalho socialmente necessário

Se é o trabalho socialmente necessário que determina o valor das mercadorias, a magnitude desse valor é estabelecida pelo tempo de trabalho socialmente necessário, ou seja, pelo tempo, em média, em que for possível produzir determinado bem ou serviço, empregando-se o trabalho socialmente necessário. Significa que o desenvolvimento contínuo das forças produtivas propicia cada vez maior eficiência e produtividade ao trabalho, fazendo cair o tempo em que, numa dada sociedade, é possível produzir determinado bem ou serviço. Em decorrência do duplo caráter social do trabalho incorporado na mercadoria – que ocasiona a emulação no oferecimento e busca de produtos de melhor qualidade e menor custo –, esses avanços tecnológicos se disseminam entre os produtores, fazendo cair o valor dos produtos, que é resultado desse tempo de trabalho médio socialmente necessário. Não se trata, obviamente, de uma média aritmética, mas de uma média aproximada determinada pela competição entre diferentes produtores. Não confundir com tempo de trabalho necessário.
p. 238, 241.

239

Trabalho

Em seu sentido geral – quer dizer, independentemente de qualquer estrutura social determinada – o trabalho é uma atividade orientada por um fim. Neste sentido, ele é atividade exclusivamente humana, pois só o homem pode criar valores (Ética), com base nos quais estabelece objetivos que busca alcançar pelo trabalho. O trabalho é necessidade humana fundamental, pois a existência do homem só é possível pelo trabalho, pelo qual se produzem todos os bens e serviços que ele precisa consumir para compor sua energia física e mental, ou seja, sua força de trabalho. Mas, ao fazê-lo, o indivíduo consome essa mesma força de trabalho. É preciso, portanto, que a energia produzida pelo menos reponha a energia gasta. Significa que, desde o começo da História, havia forças produtivas que, por mais rudimentares que fossem, permitiam já ao homem produzir-se pelo trabalho, o que serviu de base para seu contínuo desenvolvimento que veio a permitir as gigantescas dimensões do trabalho excedente de hoje.
p. 27, 28, 32, 33, 34, 35, 37, 39, 41, 42, 47, 48, 49, 50, 51, 52, 53, 62, 66, 67, 68, 69, 71, 73, 74, 76, 77, 78, 79, 81, 82, 83, 84, 85, 89, 90, 91, 93, 94, 98, 99, 100, 101, 102, 105, 106, 107, 108, 109, 110, 114, 115, 120, 133, 135, 140, 142, 143, 151, 157, 158, 159, 160, 161, 163, 177, 192, 193, 195, 199, 200, 201, 202, 205, 206, 207, 208, 209, 211, 214, 216, 217, 218, 220, 221, 222, 225, 227, 229, 233, 234, 235, 237, 238, 239, 241, 242, 243, 244, 245, 246.

Trabalho abstrato

Numa primeira aproximação, pode-se dizer que trabalho abstrato é o trabalho como dispêndio de força de trabalho. Este enfoque se presta, a princípio, para contrapor tal conceito ao de trabalho concreto. Na verdade, trata-se da mesmíssima atividade, vista sob dois pontos de vista: num, como atividade "concreta", em sua dimensão técnica, como produtora de um valor de uso (trabalho concreto); noutro, em que se faz abstração dessa forma concreta, e se considera apenas o dispêndio de energia humana no ato de trabalhar (trabalho abstrato). Mas o conceito de trabalho abstrato não se reduz a essa abordagem meramente "fisiológica", pois com ele se pretende identificar nada menos do que aquilo que produz o valor das mercadorias. Por isso, é preciso lembrar que, quando falamos dispêndio de força de trabalho, estamos falando de uma mercadoria que, como tal, é uma categoria sociológica, condensação de tempo de trabalho socialmente necessário, cujo valor de uso é precisamente produzir valor. Como tal, não estamos falando de dispêndio de força de trabalho em particular, neste ou naquele trabalho concreto. Trata-se do trabalho socialmente necessário, ou seja, trabalho geral, que é praticado na sociedade, determinado pelas forças sociais e técnicas aí presentes: a troca de merca-

dorias e o desenvolvimento das forças produtivas. V. capítulo 6 e capítulo 7.
p. 66, 68, 69, 70, 71, 73, 74, 77, 78, 117, 242, 247.

Trabalho concreto

É quase impossível falar sobre trabalho concreto sem parecer redundante. Trabalho concreto é o trabalho como ele é, atividade adequada a um fim, considerado em suas especificações técnicas, como a utilização *concreta* do esforço humano na aplicação dos instrumentos de produção, para transformar o objeto de trabalho em um valor de uso. A maior utilidade desse conceito em Economia Política é sua contraposição ao conceito de trabalho abstrato, no qual se faz abstração dessa concretude, para considerar apenas o dispêndio de força de trabalho.
p. 66, 67, 68, 74, 94, 114, 158, 163, 241, 246.

Trabalho excedente

Como o próprio nome indica, trabalho excedente é aquele desenvolvido durante o tempo de trabalho excedente. É, portanto, trabalho não pago, aquele que se exerce para além do tempo de trabalho necessário e que produz a mais-valia para o capitalista.
p. 105, 208, 218, 240.

Trabalho forçado

Trabalho forçado não é apenas o trabalho do escravo ou o do condenado pela justiça. Trabalho forçado é todo aquele que não é o motivo intrínseco do trabalhador para realizá-lo. Se, no trabalho livre, há um sujeito que, por ter acesso direto aos meios de produção ou partilhar da propriedade social comum desses meios, opta livremente para uma ocupação e a utiliza como mediação para a produção de sua vida, no trabalho forçado ele tem de se submeter à forma social (escravista, servil, capitalista, etc.) que lhe é imposta pelos proprietários privados dos meios de produção. Sob o capitalismo, por exemplo, o trabalhador não exerce um trabalho porque gosta dele e ele próprio o realiza, mas o exerce como sacrifício (ou castigo de deus) para ter acesso a um prêmio de consolação, chamado salário, única forma que o capitalista lhe oferece de ter acesso aos meios de vida.
p. 93, 100, 133, 153, 160.

Trabalho improdutivo

V. Trabalho produtivo e trabalho improdutivo.
p. 245

Trabalho livre

Trabalho livre é aquele que, exercido individual ou coletivamente, guarda todas as características do tra-

balho como especificidade humano-histórica. A mais importante dessas características é a condição de sujeito do trabalhador, que exerce autonomamente sua vontade para transformar a Natureza em seu benefício. Para que isso aconteça, ele não pode ser objeto de nenhum constrangimento de ordem política que lhe ofereça obstáculo para essa ação. Por isso, deve ter acesso livre às condições objetivas de vida, sem que tenha de submeter-se a regras de dominação de quem detém a propriedade dos meios de produção. Sua ação é livre porque guiada por sua vontade no alcance de um fim que ele propôs a partir de seus próprios valores éticos. O motivo de sua atividade é intrínseco ao próprio trabalho, que ele utiliza como mediação para produção de sua própria existência material consubstanciada no produto resultante de sua intervenção. Esse produto é seu, obra sua, extensão de sua individualidade, ele faz dele o que quiser: consome-o, troca por outro, vende-o ou oferece de graça para quem o necessite tanto ou mais do que ele.
p. 91, 95, 97, 98, 100, 243.

Trabalho necessário

Trabalho necessário, obviamente, é o trabalho executado durante o tempo de trabalho necessário. É também chamado de trabalho pago, pois é a atividade que produz o valor da força de trabalho, que é paga pelo capital. Não confundir com trabalho socialmente necessário. p. 105, 110, 246.

Trabalho produtivo e trabalho improdutivo

Como a própria expressão indica, trabalho produtivo é aquele que realiza, com a adequada eficácia, o produto que se tem como fim realizar. Se o objetivo é produzir determinado valor de uso, é produtivo o trabalho que alcança esse desiderato. O trabalho do professor, por exemplo, é produtivo se logra educar o estudante, levando-o a formar-se como ser humano-histórico. Este não é, todavia, o conceito de trabalho produtivo para o capitalismo, cujo fim imediato e o produto por excelência é a mais-valia. Desse ponto de vista, só é produtivo aquele trabalho que produz diretamente mais-valia e só é trabalhador produtivo aquele que emprega sua força de trabalho para produzir diretamente mais-valia. No mesmo exemplo do professor, para saber se seu trabalho é ou não produtivo, é preciso, agora, saber qual a forma social a que ele está subsumido. Se, no ensino privado, ele enriquece o proprietário da escola, que paga sua força de trabalho e se apropria do valor excedente que ele produz, seu trabalho é considerado produtivo porque ele produz diretamente mais-valia, e ele é um trabalhador produtivo. Mas, no ensino público, embora exercendo

o mesmíssimo trabalho concreto do professor da escola particular, o dinheiro que paga seu salário não é aplicado como capital, não havendo por isso produção de mais-valia, seu trabalho não é produtivo e ele portanto é considerado trabalhador improdutivo.
p. 157, 161, 163, 246.

Trabalho socialmente necessário

O valor de uma mercadoria não advém do trabalho concreto que lhe deu origem, mas do trabalho socialmente necessário para produzi-la. Significa que não é o trabalho que um produtor singular *necessita* para elaborar determinado valor de uso que determina seu valor, mas sim o mínimo de trabalho *de que se necessita* para produzi-lo *socialmente*, ou seja, com base no estágio de desenvolvimento das forças produtivas presentes na sociedade. Assim, todo trabalho cuja produtividade estiver aquém da produtividade alcançada na sociedade deixa de ser trabalho socialmente necessário e, portanto, deixa de acrescentar valor ao produto em questão (capítulo 7). Da mesma forma, não serão menores os valores dos produtos do trabalho cuja produtividade esteja além da produtividade presente na sociedade. Atenção: não confundir "trabalho socialmente necessário" com "trabalho necessário".
p. 219, 239, 241, 246.

Valor

Valor (econômico) é a condensação de trabalho abstrato incorporado às mercadorias por meio do emprego da força de trabalho. O valor de uma mercadoria só pode ser aferido confrontando-a com outra mercadoria. Dizemos, então, que A vale 4 B, por exemplo. A é um valor de uso visível (uma mesa, por exemplo), B é outro valor de uso visível (garrafas de vinho, por exemplo), mas o valor de A é invisível. Este só se manifesta em outro valor de uso, ou seja, ele só se expressa no corpo de outra mercadoria, quando dizemos, por exemplo, que uma mesa vale quatro garrafas de vinho. Dizemos, assim, que quatro garrafas de vinho são o valor de troca de uma mesa. Não se deve, portanto, confundir os conceitos de valor e valor de troca, na medida em que o segundo é tão somente a expressão do primeiro.
p. 14, 15, 16, 17, 20, 25, 37, 39, 41, 42, 43, 47, 48, 51, 52, 53, 57, 58, 60, 62, 66, 67, 68, 69, 71, 73, 74, 75, 76, 77, 78, 94, 105, 108, 109, 110, 111, 113, 114, 115, 116, 117, 118, 120, 122, 124, 125, 126, 129, 130, 135, 141, 142, 143, 144, 147, 148, 150, 152, 162, 163, 192, 193, 195, 196, 197, 206, 207, 215, 216, 217, 218, 219, 220, 232, 237, 238, 239, 241, 245, 246, 249.

Valor de troca

Valor de troca é a propriedade que toda mercadoria tem de ser trocável por outra mercadoria qualquer, inclusi-

ve por dinheiro, que é a mercadoria por excelência. O valor de troca expressa uma relação social entre possuidores de mercadorias de valores de uso diferentes. Além disso, a expressão "valor de troca" serve tanto para designar a propriedade da mercadoria quanto a própria mercadoria em si. Quando falamos que uma mesa vale quatro garrafas de vinho, estamos dizendo que quatro garrafas de vinho são o valor de troca de uma mesa. Estamos dizendo também, e principalmente, que quatro garrafas de vinho expressam o valor contido numa mesa. É importante, portanto, não se confundir valor de troca com valor, visto que o primeiro é a forma de manifestar-se do segundo.
p. 16, 58,59, 60, 61, 66, 78, 113, 119, 147, 148, 198, 223, 247, 248, 249.

Valor de uso

Valor de uso é a qualidade de determinado bem ou serviço de atender a necessidades humanas. Não expressa, portanto, uma relação social, mas uma relação entre homem e coisa. O valor de uso de uma mercadoria nada mais é, portanto, do que a utilidade dessa mercadoria. Costuma-se também chamar de valor de uso a própria coisa que tem essa propriedade. Finalmente deve-se considerar que toda mercadoria tem necessariamente valor de uso, mas nem todo valor de uso é mercadoria. Para ser mercadoria, além de valor de uso, deve ter valor de troca. O ar que respiramos, por exemplo, é um valor de uso, mas não uma mercadoria, porque não tem valor de troca. p. 42, 52, 58, 59, 60, 66, 67, 74, 76, 114, 115, 118, 119, 121, 123, 130, 131, 147, 148, 157, 160, 161, 162, 198, 223, 241, 242, 245, 246, 247, 249.

Valor excedente

Valor excedente é o valor produzido pelo trabalhador no processo de produção capitalista que ultrapassa o valor de sua força de trabalho e que não é pago pelo capital, constituindo, assim, a mais-valia.

p. 42, 54, 85, 105, 109, 110, 129, 193, 217, 219, 245.

créditos das imagens

Manual de instruções - Biblioteca Central, Zurique/Wikimidia - Commons
Capítulo 1 - Ilustração de Seth/Reprodução
Capítulo 2/imagem 1 - iStock/Getty Images
Capítulo 2/imagem 2 - Serviço Europeu de Informações
Capítulo 3/imagem 1 - Wikimidia Commons
Capítulo 3/imagem 2 - Wikimidia Commons
Capítulo 4 - Arquivo PxHere
Capítulo 5 - Arquivo Freepik.com
Capítulo 6 - Wikimidia Commons
Capítulo 7 - Arquivo PxHere
Capítulo 8 - Acervo Sinprominas/autor não identificado/direitos reservados
Capítulo 9 - Arquivo Pixy
Capítulo 10 - Arquivo PxHere
Capítulo 11 - Foto Ricardo Tamayo/Unsplash
Capítulo 12 - Foto Rony Chowdhury/Unsplash
Capítulo 13 - Arquivo PxHere
Capítulo 14 - Arquivo Pixy
Capítulo 15 - Arquivo PxHere
Capítulo 16 - Foto Flavio Cannalonga
Capítulo 17/imagem 1 - Arquivo Pxhere
Capítulo 17/imagem 2 - Arquivo Pxhere
Capítulo 18 - Arquivo PxHere

sobre o autor

sobre o autor

Vitor Henrique Paro é um dos mais respeitados educadores brasileiros da atualidade. Nasceu em 1945, em Colina, pequeno município do interior paulista, vivendo na roça até os 19 anos. Transferiu-se para a capital do estado em 1964, foi auxiliar de escritório, bancário e vendedor, antes de ingressar no campo educacional. Na década de 1970, licenciou-se em Pedagogia e fez seu mestrado em Educação na Faculdade de Educação da Universidade de São Paulo – Feusp. De 1975 a 1993 foi pesquisador na Fundação Carlos Chagas, alcançando o posto de pesquisador sênior. Em 1979, ingressou na Pontifícia Universidade Católica de São Paulo, onde também realizou seu doutorado, e aí permaneceu como docente, na graduação e na pós-graduação, vindo a exercer o cargo de professor titular até 1993. Desde 1980, exerce suas funções docentes na Feusp, tendo obtido o título de livre docência em Educação em 1991, e assumido o cargo de professor titular em 1997. Hoje, é professor colaborador sênior nessa mesma Faculdade, e coordena o Grupo de Estudos e Pesquisas em Administração Escolar – Gepae. Escreveu vários livros na área educacional, entre eles, *Administração escolar: introdução crítica*; *Gestão democrática da escola pública*; *Por dentro da escola pública*; *Educação como exercício do poder*; e *Professor: artesão ou operário?*

E-mail: vhparo@usp.br
Home Page: www.vitorparo.com.br

anotações

o capital para educadores